Inteligência
do sonho

ANNE DUFOURMANTELLE

Inteligência do sonho

fantasias, aparições, inspiração

Tradução
Danielle Ortiz Blanchard
Paula Francisquetti

Estação Liberdade

Título original: *Intelligence du rêve. Fantasmes, apparitions, inspiration*

PREPARAÇÃO Valéria Jacintho
REVISÃO Raquel Silveira
SUPERVISÃO EDITORIAL Letícia Howes
EDITOR ASSISTENTE Luis Campagnoli
IMAGEM DE CAPA Cristina Conti/Alamy/Fotoarena
EDIÇÃO DE ARTE Miguel Simon
EDITOR Angel Bojadsen

CIP-BRASIL. CATALOGAÇÃO-NA-FONTE
SINDICATO NACIONAL DOS EDITORES DE LIVROS, RJ

D911i

Dufourmantelle, Anne, 1964-2017
Inteligência do sonho : fantasias, aparições, inspiração / Anne Dufourmantelle ; tradução Danielle Ortiz Blanchard , Paula Francisquetti. - 1. ed. - São Paulo : Estação Liberdade, 2025.
144 p. ; 21 cm.

Tradução de: Intelligence du rêve : fantasmes, apparitions, inspiration
ISBN 978-85-7448-325-2

1. Interpretação de sonhos. 2. Sonhos. 3. Simbolismo (Psicologia). I. Blanchard, Danielle Ortiz. II. Francisquetti, Paula. III. Título.

CDD: 154.63
25-99203.0 CDU: 159.963.38

Carla Rosa Martins Gonçalves - Bibliotecária - CRB-7/4782
14/07/2025 15/07/2025

Esta publicação segue as normas do Acordo Ortográfico da Língua Portuguesa, Decreto nº 6.583, de 29 de setembro de 2008.

EDITORA ESTAÇÃO LIBERDADE LTDA.
Rua Dona Elisa, 116 | Barra Funda
01155-030 São Paulo – SP | Tel.: (11) 3660 3180
www.estacaoliberdade.com.br

A quien sabe lo que pueden los sueños

Sumário

III. A inteligência criadora

I

Os sonhos

O homem, esse sonhador definitivo.
André Breton, em *Manifesto do Surrealismo*

O sonho está na origem da criação, mas
ele não é a criação.
Ele necessita uma conversão.
Jean Gillibert, em *Entretiens*

Em presença do sonho

Acreditamos viver em outro lugar que não aquele de nossos sonhos, mas façamos a hipótese inversa: nós nunca os deixamos, nossos sonhos zelam por nós.

O sonho é pura inteligência. A condição humana convida-nos à hospitalidade para com essa nova relação com o mundo que vem no sono ao nosso encontro. Nossa tarefa seria reconhecer que ele não é somente a cifra secreta de nosso desejo, mas que, em inteligência com o real, instrui nosso ser na noite de nossa sensibilidade.

O que pode o sonho é imenso. Reparar, rememorar, profetizar, escutar, advertir, aterrorizar, apaziguar, desvelar, liberar. E nos permitir esquecer.

O sonho é um modo singular de presença. O que ele deposita em nós dos seres vivos ou desaparecidos, animais, objetos, luzes, espaços, tem a força de uma aparição. A questão é saber se podemos acolhê-lo, alcançar uma proximidade com o enigma onírico do mundo, se podemos admitir aquilo que o gênio do sonho exige: uma conversão.

Corres sobre um dique. Uma onda imensa avança no horizonte. A noite vem.

Talvez se sonhe com o único fim de experimentar isto: ser sobrevivente.

O sonho fecha o circuito de certo tempo de nossa vida para abrir outro. Ele é o sinal de que alguma coisa *acontece, está chegando*. Nem somente presságio, nem unicamente algo reprimido que escapou da censura, ele é portador desse *continuum* de vida dentro do qual é tão difícil projetar-se. Ele é uma representação de algo que a consciência ainda não pode formular para si senão em imagens... O universo onírico é tocado por esta estranheza extraída do coração de nossa realidade: esta paisagem, esta casa, esta pessoa, sim eu as reconheço e, no entanto, sua marca não é mais a mesma. Tornaram-se "os negativos" de um roteiro carregado de soluções mágicas ou maléficas que o pensamento pode desenvolver para aí descobrir sentido. Como no caso dos criadores cuja obra os precede, o sonho surge imediatamente antes de a transformação acontecer, antes de a crisálida se abrir. Ele é o revelador, por vezes dramático, por vezes maravilhoso, mas com frequência inquietante, daquilo que começa a vir se fazer presente para nós mesmos.

Não é a inteligência do sonho que faz nossa vida consciente assemelhar-se ao passo do cego ao longo de uma falésia? "Por que não esperaria eu do índice do sonho mais do que espero de um grau de consciência cada dia mais elevado?", escreve Breton no *Primeiro manifesto do Surrealismo*. "O sonho também não pode ser aplicado à resolução das questões fundamentais da vida? [...] Eu acredito na resolução futura destes dois estados, em aparência tão contraditórios, que são o sonho e a realidade, em um tipo de realidade absoluta, uma sobrerrealidade."[1] Em aparência, sim. Foi dito que o sonho era uma potência fantasmática vinda para restabelecer uma verdade interdita, foi dito que ele vinha de criptas e de tumbas, que ele surgia do lugar mesmo da impotência, do medo, da crueldade, da vergonha. Fizeram-nos acreditar que podíamos adivinhar nossas paixões e nossos crimes em seus agenciamentos... É creditado a ele desde sempre uma clarividência que poderia nos salvar — quem sabe? — ou nos perder. Mas ao menos sabemos em que tempo opera o sonho? Ele é obra nossa ou dos presságios, vinda com a noite?

O sonho é um acontecimento: ele acontece, mas fora de alcance. Ele fala de nós, mas não é autorizado por nossa consciência, nem por nossa atenção, nem mesmo por nosso pensamento. O sonho surge e se apaga, ele nos distrai da vida

1. André Breton, *Premier Manifeste du surréalisme*, Paris, Ed. du Sagittaire, 1924. Reedição: A. Breton, *Œuvres complètes*, Paris, Gallimard, 1988.

desperta, mas também do sono, de sua viva profundeza. Ele é esta escapada, durante uma noite, que nenhuma força no mundo pode impedir.

Uma casa de infância. Tu descobres cômodos desconhecidos. Na soleira do último está escrito com giz: Veleiro.[2] *Há um espaço entre as sílabas.*

Fora do sonho, a vida e a morte voltariam a se reunir de borda a borda, sem espaço nem tempo para dizer o que, de maneira frágil, mas insistente, fala de onde estamos e permanece, para nós mesmos, desconhecido. O sonho abre a possibilidade de outra temporalidade, vertical, e que, entretanto, atravessa essa vida, esse tempo. O que seria uma vida que não contivesse nela a *outra vida*?

"Não se pode construir nuvens. Eis por que o futuro sonhado jamais se torna verdadeiro", escreve Wittgenstein.[3] O sonho é um futuro anterior que não prevê, mas reorganiza aquilo que acreditamos mudo ou sem possível, elaborando uma projeção em uma ação perdida. Ele age em nós um pouco como uma força que vem descosturar o passado e permitir habitá-lo de outra maneira, por vezes

2. Em francês, *voilier*, com espaço entre as sílabas, se equipara aos sons de *vê; voz; via e ligar; ligado*. Assim como remete a *voile*, vela, véu. [N.T.]

3. Ludwig Wittgenstein, *Remarques mêlées*, Paris, Flammarion, 2002.

com medo e violência. O sonho não diz o que vai chegar, ele inaugura um caminho outro. Se eu não sonho, não há em mim um lugar onde o tempo possa ser esperado. O tempo é como o sangue do sonho.

O sonho é um deslocamento da temporalidade, daquilo que funda finalmente, desde Kant, os limites nos quais a subjetividade é pensada.

Aquele que te olha se parece contigo. Ele não é nem hostil nem benevolente. Por que tens medo?

Muito cedo a humanidade pensou-se em seus sonhos. Trata-se do laço vital, civilizador, do relato na constituição de uma consciência coletiva, de uma comunidade. O que contar para aceitar estar junto? Sonhos, precisamente. Elucidá-los para tentar superar a divisão, os apetites diferentes. Um sonho não é necessariamente endereçado a um só sujeito. Ele tem essa força de poder ser compartilhado — outros além de mim puderam sonhá-lo. Aliás, os objetos do sonho parecem jamais nos pertencer propriamente, nossa identidade não está aí assegurada... O tema do duplo que a literatura e o cinema declinaram tão especificamente provém provavelmente dessa duplicação originária do sujeito em sonho. O sonho reúne, no terror, o maravilhamento. Nós temos também por vezes os mesmos medos. Sonhamos começos, realizações. A pobreza de nossos sonhos diz também onde nos encontramos...

Certas civilizações hoje desaparecidas fizeram aliança com o sonho, o que supõe não se assustarem nem com a morte, nem com a infância. Os livros de sabedoria do Alto Império do Egito, da Mesopotâmia, da China Antiga, dos povos pré-colombianos, dos Vedas indianos, dos escritos bíblicos, como hoje as visões dos aborígenes, dos povos da Melanésia, da Amazônia, fizeram do sonho o berço no qual repousa o mundo. Os que são denominados xamãs mantiveram com o território do sonho, potencialmente infinito em seu desdobramento de sentido, de imagens, de percepções, uma proximidade que, sob nossas latitudes, perdemos. É próprio do xamanismo convocar interlocutores que supostamente não podem nos falar: objetos, defuntos, forças, símbolos, animais...

Um cavalo está afundado na neve até o pescoço. A neve o entrava, ele não pode mais avançar. A sensação de seu olhar te acorda. Teu pai morreu em Roma no fim da guerra, te disseram que ele não morreu do tiro inimigo, mas esmagado sob o peso de seu cavalo. Tens o mesmo nome dele.

O que dizer do animal que sonha, da árvore que sonha, da pedra que sonha? Derrida, em um de seus últimos seminários, questionava-se sobre o olhar do animal. A filosofia, e posteriormente a psicanálise, jamais se interessou pelo sonho do animal: ele infunde em nós, e nós não queremos saber de nada disso. O território do sonho certamente não lhe é desconhecido, apenas guarda nele mesmo o mistério de sua linguagem. Ele não pode contar seus sonhos. O animal, esse sonhador infinitivo, é nosso enigma... E nós, quem dirá nossa condição de animal sonhador? Como se ser um ser falante fosse necessariamente ser convocado a se dizer sonhos...

Inicialmente, o sonho foi referido ao dom de profecia. Era um presságio divino ou diabólico, em todo caso uma mensagem. Associado às reminiscências e às imagens estelares, aos traçados decifrados na areia, aos voos de pássaros migratórios, ao caminho da luz, às entranhas de animais oferecidos em sacrifício, o sonho era a matriz do deus ou da natureza. Era necessário extraí-lo pela palavra, escutá-lo, compartilhá-lo, para elucidá-lo e livrar o sonhador da carga que ele representava. Em certo sentido, o sonho é contíguo à passagem ao ato, destinado à revelação do trauma... Como a passagem ao ato, o sonho vem elaborar uma figura no lugar do irrepresentável; ele conduz um roteiro pictográfico em comunhão com a verdade. Ele traz à tona o segredo.

Uma mulher está deitada por terra, ferida. Ela te pede para cuidar dela. Tu sabes que, se não tentares nada, ela vai morrer. Te estendem uma faca, é um brinquedo. Algumas semanas mais tarde, escapas de um acidente.

Os presságios têm uma função essencial. Eles mantêm separados o mundo dos vivos e o dos mortos, os mundos divinos e monstruosos. Eles levam à interseção, ao deciframento, à leitura. Como se o sonho tivesse induzido, na história, nossa paixão por interpretação. Desde Homero, ele foi o objeto e o vetor de uma tradição hermenêutica. Porque ele é a presença tangível de uma radical alteridade de nosso ser, alteridade essa tão pouco ligada a ele, que foi possível supor o sonho vivendo sua própria vida em nós, neuronal ou espectral, mas em todos os casos estrangeira à consciência.

Há flores espalhadas sobre o solo. Elas revestem o solo e a sensação é a de caminhar sobre um corpo vivo. Tu ouves alguém te dizer: não te mexas mais senão tudo desaparecerá.

O sonho destila sua potência de visão nos entrelaçamentos do dia. É possível tornar alguém louco impedindo-o de sonhar; as câmaras de tortura souberam usar esse poder. É possível também salvar sua vida escutando seus sonhos a tempo... Pois o sonho tem com o tempo uma afinidade particular: ele o faz fracassar nos dando acesso a uma temporalidade outra. Freud diz que o inconsciente é *zeitlos*, que ele ignora o tempo. Não existe adequação entre o tempo em que se rememora e o sonho. Há uma liberdade do sonho em relação ao tempo, como há uma em relação à linguagem, ao desejo, à razão e até mesmo aos afetos. Essa liberdade é incomparável e é vital restituir-lhe sua dignidade. Era necessário que a psicanálise descobrisse que as pulsões (*Trieb*) chamam o sonho para si. Ela arrancava assim os sonhos das regiões do mito que o queriam presságio ou encantação, oração e libertação, escolhendo ler aí não o destino de um indivíduo ou de um povo, mas o trajeto misterioso do desejo para um sujeito que prefere, como se sabe, sempre ignorá-lo.

Linha de frente

A linha do sonho é uma linha de frente. Ele é o mensageiro de uma guerra desconhecida.

Ir ao encontro de um sonho é aceitar atravessar as linhas inimigas antes de poder fazer aliança. É entrar em um território povoado dos vestígios de uma guerra passada em silêncio, cujos ecos fabricam a realidade presente e por vir. Nesse território os inimigos são nossos medos, nossos arranjos, nossas recusas, mas também nossas lealdades familiais, nossos condicionamentos sociais, a História que nos atravessa. Nele a guerra é um conflito entrincheirado da consciência do sujeito cuja identidade dos protagonistas lhe escapa, e cujos risco e causa ele ignora. O sonho é um ato de resistência nessa guerra. Ele informa o sonhador, arriscando sua vida psíquica, contornando as censuras e os interditos.

Aqui a linha de frente é a busca da verdade. Porque o sonho desloca radicalmente essa questão. Ele sinaliza por vias diferentes daquelas que o sonhador mobiliza habitualmente em sua vida: as razões que ele dá a suas escolhas, seus desejos, seus temores. A verdade é sempre aquilo que receamos de pior. A abertura para a qual ela nos chama faz cair por terra nossos álibis, desculpas, tolices: ela nos aterroriza. É por essa razão que o pesadelo, prova de terror, deve ser apreendido não como o contrário da verdade, mas como sua tradução mais direta.

O recém-nascido está partido em dois por uma lâmina. Uma multidão em torno te impede de colocá-lo em teus braços. A criança começa a falar. Porque falou, sabes que ela está a salvo.

Não há sonho humano sem passagem à narração. A humanidade do sonho é tornar-se narração e, depois, sua transcrição literária. É, de certo modo, uma "onirografia". Graças a um e ao outro, fazemos do sonho uma história que nos pertence.

As palavras que dizem o sonho parecem estrangeiras ao sonho, mas desvendam o sonhador. Contar um sonho, em certo sentido, é sonhar novamente. A narração inventa outra "fórmula onírica", mesmo quando se fica o mais próximo possível das imagens sentidas durante a noite, e aquele que conta sabe disso... Cada versão altera e reinventa o sonho, visto que a marca, a impressão original do sonho de todo jeito já está perdida enquanto tal. Não há uma chave única para um sonho — como o sonho não é a chave de uma vida — pois seu objeto não tem verdade *originária*. Tudo se reconstitui em nós sem cessar no movimento da rememoração; as palavras em que confiamos nosso sonho não o trairão, nem, em si mesmas, o revelarão; elas o inventarão, em parte, novamente, e nessa defasagem será dito o desejo. Não existe lembrança intacta, salvo, talvez, quando em um maravilhamento poético nos é restituído, perfeito, um momento de infância.

O sonho, nisso parecido com uma fita de Möbius, não tem borda. Nada que nele separe o exterior do interior. Ele trabalha tão bem com os acontecimentos da véspera quanto com uma história velha de mil anos, ele associa lembranças a pensamentos, emoções sedimentadas a impressões recebidas de alhures. Os fragmentos dos quais nos recordamos ao acordar, até os pesadelos que nos assombram durante muito tempo, constituem as peças de um quebra-cabeça que nos cabe completar ou não. E esse trabalho minucioso de condensação e de deslocamento, como descobriu Freud, produz sentido, mas segundo um protocolo não tão facilmente decifrável pela consciência. Ele costura e recorta, segundo traçados bem precisos, seguindo a via enigmática do desejo.

O sonho é uma escritura, ele é mesmo "uma obra", escreve o amigo e discípulo de Freud, Nicolas Abraham, e

> por definição a obra, assim presumida, estava fadada a permanecer muda, ilegível. Mas, à força de escuta, acontece que, pouco a pouco, versos, estrofes, até mesmo o poema todo, tomam corpo, destacam-se de

seu criador e liberam-no enfim em direção a novas obras. O poema decifrado cede lugar à poesia incessante. Tal é o trabalho da análise. Então, uma vez que ele se fez ouvir, o poeta levanta-se e vai em direção a outros destinos.[1]

Berkeley, 1948. Na noite que precedeu a confrontação decisiva com C, eu sonhei. Ao acordar, retive as últimas palavras do sonho: "sou o mártir da felicidade". Theodor W. Adorno.

O sonho gera imagens em profusão; algumas delas ficam gravadas em nós por longo tempo. Do desejo à angústia, do maravilhamento ao terror, elas figuram todo o registro da sensibilidade. A imagem é um entrelaçamento de percepção e de pensamento; o que a limita é a figuração própria do tempo. O espaço é uma das possibilidades que o sonho emprega para dizer o tempo, por meio do número. Para exprimir um acontecimento aos sete anos ou uma emoção a ele associada, o sonho pode "colocá-lo em espaço", como se diria de um cenógrafo, de várias maneiras possíveis, por exemplo fazendo ressurgir a casa familiar habitada pelo sonhador aos sete anos, ou deixando aparecer o algarismo 7 uma ou mais vezes na sequência onírica, ou ainda designando um intervalo de sete medidas; as combinações são inesgotáveis e o rébus, jamais inteiramente decifrável. O gênio espacial do

1. N. Abraham e M. Torok, *L'Écorce et le noyau*, Aubier-Flammarion, 1978, p. 325-333.

sonho é sem limite. Sua tradução do tempo em espaço é de uma criatividade que transborda largamente com frequência as capacidades do sonhador. É preciso, portanto, supor-lhe uma inteligência soberana.

Grandes sonhos

Poucos entre nós lembram-se verdadeiramente de seus sonhos, senão por períodos. Mas quem não encontrou, em um ou outro momento, um "grande sonho" em sua vida, como é entrevisto repentinamente um visitante imponente ou um rei em exílio vindo de longe para trazer-lhe uma mensagem?

O que é um "grande" sonho? Uma possível reparação. E também uma figuração do si através do qual o sonhador aproxima a confirmação de seu ser; o encontro que de certo modo ele marca consigo mesmo. Assim como certos textos pertencem à literatura porque alcançam o universal e reinventam a língua, certos sonhos metabolizam, em sua química particular, uma intensidade, uma riqueza de sentidos, uma força simbólica que ultrapassa muito largamente a única paisagem onírica do sonhador.

Esses "grandes" sonhos são reparadores pelo simples fato de trazerem para a consciência, por via de rememoração e pela narração que o sonhador fará deles para si mesmo, esse mundo onírico cuja capacidade de inteligência pode salvá-lo.

É possível imaginar, entretanto, que o efeito de cura possa transformar-se em força maléfica a serviço da inibição e da angústia, se o sonho não for ouvido, como a décima terceira fada nos contos que, por não ter sido convidada ao banquete real, se vinga lançando à jovem princesa um malefício. A possibilidade de curar, que o sujeito desconhece, é uma capacidade que a análise, por exemplo, revela. O sonho nos coloca em sua presença, desde que lhe ofereçamos hospitalidade.

"Um sonho não decifrado é como uma carta que lhe é endereçada e que você não abre", diz o Talmude. Mas quem ainda quer compreender seus sonhos? Não há mais iniciações para pô-los à prova, nem lugar onde depositá-los, quase não mais nos consultórios dos analistas, eles mesmos sendo frequentemente vítimas da *doxa* segundo a qual o estudo dos sonhos não é mais essencial, e a "permissão de passeio" que lhe é outorgada nem sempre é boa para o prisioneiro da cela neurótica. Provavelmente também porque o estudo dos sonhos parece à primeira vista não ser eficaz, nem encontrar uma aplicação direta para o alívio da angústia. As terapias breves e outras psicoterapias não podem utilizar a força inaudita dos sonhos sem tentar se servir dela. Ora não é possível dispor dos sonhos, podemos estar apenas à sua escuta. Mas, se essa escuta for real, ela é de uma potência de realização incomparável... Pois antes que o corpo adoeça, antes que o acidente sobrevenha, em suma, antes que seja tarde demais, o sonho está aí.

Ele ensina a avançar em direção a essa linha de frente onde a guerra assola, sobretudo quando o conflito está dissimulado no reverso de uma paz com a qual todos parecem estar de acordo. Pois, nos recantos escondidos da depressão branca, na insistência de uma fadiga a qual nada vence, nem repouso nem sonífero, o sonho não cede. Ele desnuda os combates latentes, a angústia perfurante, expõe a hipocrisia das renúncias, os compromissos temíveis da neurose, desmascara e zomba de — ou transforma em pesadelos — nossas deserções. O sonho, no entanto, não julga. Ele tem essa altura sobre-humana do que *vê* sem julgar. Mais que colocar em imagem, ele mostra. Cabe a nós ouvi-lo.

Seria preciso falar dessas vidas em que o sonho falta. Desses estados interiores que se parecem com desertos, quando nada parece poder nos atingir. A vida material projeta-nos sem cessar sobre os muros moventes de nossas fantasias (desejos, comidas, paixão, objetos humanos ou inumanos). A caverna platônica foi submetida a algumas modificações, ela aprovou todas as descobertas biotecnológicas e descobriu algumas afinidades com os mundos virtuais; as imagens não são mais projetadas a partir de um sol refletido. Nem mesmo se necessita mais de luz, é dentro das salas obscuras dos laboratórios que se fabricam, com cuidado, as respostas para nossas expectativas. Tão formatadas quanto serão, em breve, quem sabe, nossos sonhos. Será por isso que procuramos desesperadamente nos fixarmos, com essa ideia de que há em alguma parte um lugar — um ser? — que se pareceria conosco. É uma história que começa com a solidão. E a necessidade de sermos amados. Necessidade que nos persegue e nos obriga a dar o próximo passo. A contar histórias a nós mesmos, a superar o luto, com, à guisa de migração, a morte.

A neve atravanca teus passos. A paisagem é irreconhecível. A luz é igual. Não existem mais sinais humanos.

Quantas batalhas a neve ganhou contra os homens? Ela age como faz em nós o sonho quando o recusamos, recobrindo tudo com uma doçura mortal e insistente. O sonho figurando essa brancura gélida pode dizer mais que qualquer sentimento a entrada nessa era da depressão, que pode passar, aos olhos de todos, despercebida, como a neve pode cair pouco a pouco até que tudo seja absorvido, sem rastros, sob essa massa branca onde os sons, os cheiros e a luz desaparecem. No momento em que o sonho se torna neve, a densidade do vivido transforma-se em sudário quase instantaneamente. Construímos fronteiras para nós a fim de evitarmos sermos nós mesmos; mantemo-nos no exterior, sob vigilância constante, para não nos perdermos ali onde ainda não construímos imagem, nem alicerce, nem andaimes. Erguemo-nos com mãos nuas acima de aterros, e dali vertigem. O sonho começa. O sonho tem esse poder de anunciar aquilo que chega e de colocar entre nossas mãos a possibilidade de responder por isso.

Breve história das Maravilhas

Um sonho é uma Maravilha, beleza e terror misturados.

Na Idade Média, as Maravilhas são eventos estupefacientes que fazem nascer lendas. Em *A canção de Roland*, por exemplo, a batalha é dita "maravilhosa e total". Da epopeia homérica às canções de gesta[1] e às narrativas poéticas dos trovadores, o sonho testemunha a possibilidade de uma relação entre o celeste e o terrestre. No limiar da ação heroica, ele é o guardião da narração relatada. É encontrado em *Lancelot do Lago*, mas também na *Conquista do Graal*, e desde o começo da história de *Tristão e Isolda*. Na literatura medieval, o sonho atesta o valor de uma vida. Ele valida as ações dos personagens, seus pensamentos, suas hesitações, seus ideais. É o palco em que suas interrogações e suas lacerações aparecem. Quarto de ecos da voz interior, ele abre na lenda o espaço do maravilhoso que é também o

---

1. Canções de gesta — composições poéticas de origem oral e controversa que relatam feitos heroicos inspirados na realidade ou imaginários. As mais antigas de que se tem notícias vêm da literatura francesa dos séculos XI e XII. [N.T.]

do monstruoso. No âmbito da epopeia e de seus códigos, faz-nos ouvir a fragilidade do herói, sua promessa de futuro e por vezes seu encontro marcado com a morte, com o amor. O sonho permite formular questões de outro modo interditas; por não estar separado da realidade, torna possível a ação sobrenatural e convida o inesperado a flectir o destino.

Tomamos o sonho como pretexto para contar histórias fundadoras. *O romance da Rosa*, de Guillaume de Lorris e Jean de Meung, abre-se com um sonho, como em *A Divina Comédia* em que Dante vê surgir o deus Amor em uma nuvem de fogo trazendo Beatriz nua em um lençol cor de sangue. Amor segura em sua mão o coração inflamado de Dante e o dá para Beatriz comer, depois se eleva em direção ao céu com ela. Em *A vida nova*, também de Dante, a tradição mística (a nuvem de fogo, por exemplo) cruza a tradição cortês (a história do coração comido), enquanto as visões e os sonhos enigmáticos colocam a obra em uma aura misteriosa, tendo a morte de Beatriz como horizonte. *A vida nova* compõe-se de cerca de trinta sonetos que queimam com um ardor amoroso e místico ao mesmo tempo, cujo acesso o sonho entregou sem dar sua chave.

Vetores de uma visão informada do divino, oráculos com autoridade sobre o futuro ou simples delírios nascidos de uma desordem do sono, os sonhos pertencem por direito ao maravilhoso, mas também à verdade de um corpo cujo desejo é carnal *e* espiritual. Os escritores medievais buscam descrever as manifestações da obsessão amorosa, das quais o sonho erótico é uma importante manifestação. Na fixação amorosa, o grau mais extremo do refinamento é o controle do desejo. O sonho erótico produz um gozo para sempre interdito na realidade, suprimindo a inacessibilidade da Dama. A poesia dos trovadores encontra no sonho uma doçura inigualável. Essa "fantasmalogia medieval" (Agamben) está também presente em Dante e Petrarca. E os escritos da Renascença acentuarão ainda o papel de divinização do ídolo do sonho salientando a forma divina da Dama, que é, segundo os neoplatônicos como Marsílio Ficino, um dos modelos do cosmos.

O sonho guia-nos, instrui-nos, mas também nos extravia. Ele tem por vocação alertar o leitor e prevenir sua leitura, agindo como um mestre de cerimônias em um processo de iniciação. A tradição vem dos textos da antiguidade grega e romana, mas também das tradições árabes e súfis da adivinhação dos sonhos. A partir do século v, o célebre *Comentário ao Sonho de Cipião* torna-se o breviário por meio do qual o pensamento medieval hierarquiza os relatos de sonhos como instrumentos narrativos. Macróbio aí distingue os sonhos verídicos, os sonhos simbólicos (*somnium*), os oráculos onde aparecem, por exemplo, os defuntos (*oraculum*), e os sonhos insignificantes vindos do corpo ou da insônia (*insomnium*), sonhos desordenados ou eróticos... Nesse longo comentário, os diferentes tipos de sonhos são afixados como espécimes de borboletas raras, suas asas polvilhadas de azul e ouro apreendidas com a precaução de um entomologista. Por sua vez, Platão, no *Timeu*[2], voltava à questão dos sonhos divinatórios, assegurando que nenhum homem sensato jamais poderia contemplar suas imagens (*eidolov*), pois a parte inteiramente racional da alma não saberia obter acesso às imagens divinas mesmo se, paradoxalmente, precisam de um corpo para serem percebidas pelo adormecido em sonho. Ele é um dos primeiros a associar os desejos ilegítimos aos sonhos e a diferenciar os sonhos quiméricos, os sonhos vindos das paixões do corpo e os sonhos de inspiração.[3] O que retomará Diotima no

2. Platão, *Timée*, 71º, Paris, Flammarion, 1969, p. 449.

3. "Entre os prazeres e os desejos que não são necessários, há alguns que me parecem desregrados. Nota-se mesmo que são inatos em todos os homens; mas, reprimidos pelas leis e pelos melhores desejos, com a ajuda da razão, podem ser inteiramente extirpados em alguns homens, ou permanecer diminuídos em número e em força, ao passo que nos demais subsistem mais numerosos e mais fortes. Mas, enfim, perguntou ele, quais são esses desejos de que falas? Aqueles que despertam durante o sono, respondi, quando a parte da alma que é sensata, doce e feita para comandar a outra está adormecida, e a parte bestial e selvagem, repleta de alimentos ou de bebida, agita-se, e, repelindo o sono, procura divertir-se e satisfazer seus apetites. Tu sabes que nesse estado ela ousa tudo, como se estivesse solta e livre de todo pudor e de toda razão; ela não hesita em experimentar em pensamento violentar sua mãe ou qualquer outro, quem quer que seja, homem, deus, animal; não há assassinato com o qual se macule, nem alimento de que se abstenha; em suma, não há loucura ou impudor que se interdite. É bem verdade, diz ele. Mas quando, suponho, um homem está saudável e sóbrio, e entrega-se ao sono depois de ter animado sua parte racional e tê-la entretido com belas palavras e belos pensamentos, e atinge um estado de consciência muito clara, e não está nem esfomeado nem repleto de comida, então ele pode

Banquete, quando ela se dirige a Sócrates: "o deus não entra em contato direto com o homem, mas é por intermédio desse *daemon* que de todas as maneiras possíveis os deuses entram em relação com os homens e se comunicam com eles, no estado de vigília ou no sono".[4]

Nietzsche, em *Aurora*, lembra que "é em sonho que pela primeira vez as figuras esplêndidas dos deuses apresentam-se à alma humana". Mas, em sua releitura da tragédia grega, Nietzsche opõe não o sonho à realidade, mas a aliança da realidade (aparência) *e* do sonho (aparência da aparência) ao inebriamento dionisíaco que, somente ele, dá acesso ao instinto de vida como desdobramento do mundo. Na *Odisseia*, nos lembra Ludwig Binswanger,

> o relato de um sonho é uma criação poética, quando, no sonho de Penélope, uma águia se joga contra os gansos e massacra todos eles, o poeta, não mais que o leitor, não imagina processos subjetivos na alma da sonhadora. O sonho aqui indica antes um evento exterior, provavelmente o assassinato dos pretendentes por Ulisses [...] segundo a convicção fundamental dos gregos de que o acontecimento no mundo está ordenado

---

deixar-se embalar pelo sono." Platão, *République*, Paris, Flammarion, 380a 1966, p. 129.

4. Platão, *Le Banquet*, 202d-203a, Paris, Flammarion, 1998, p. 41.

> em um todo e se encontra fixado de antemão em toda sua precisão pela Moira e pelos deuses.[5]

Os românticos, e em particular o visionário Jean Paul, mas também Shelley, Keats ou, na Alemanha, os irmãos Schlegel, reivindicariam essa tradição de unidade do saber que reintegra os domínios do onírico e do fantástico na esfera da inteligência ponderada do mundo. A isso Hegel fará eco: "nós sonhamos unicamente porque não estamos em relação com o todo".

5. Ludwig Binswanger, "Rêve et existence", in: *Introduction à l'analyse existentielle*, Paris, Minuit, 2011, p. 213.

A confissão

Por constituir um dos primeiros relatos pessoais dos quais temos o vestígio escrito, o sonho precede o romance, que por sua vez liga o real e a interioridade. Mas, porque desde sempre está situado na "noite" da razão, é ao domínio da confissão de si e do presságio que ele foi unido, investido de uma dimensão numenal carregada de poderes ocultos. O sonho, em sua carga emocional, oferece aos mercadores de poderes, isto é, de crença, uma superfície a ser explorada sem limite. Entretanto, se é possível, em certo sentido, manipular as fantasias, não se pode agir sobre os sonhos. Então, só resta *confessá-los*?

Em 1215, a confissão dos fiéis torna-se obrigatória no IV Concílio de Latrão, obrigando o crente a *confessar* seus sonhos. Desde santo Agostinho, o sonho já tinha parte ligada com a autobiografia. Com a obrigação da confissão, torna-se a prova da retidão moral do fiel, dá conta da vida subjetiva do sonhador em suas dimensões proféticas e expiatórias. Se Platão já tinha reconhecido no sonho o rastro de uma vergonha apoiada sobre realização de desejos ilícitos, a confissão abre ainda outro registro: o da transferência na palavra de uma verdade da qual é preciso prestar contas. O que coloca incidentalmente toda a questão da responsabilidade do relato de sonho não somente para consigo, mas para com o espaço social ao qual se gostaria de sujeitá-lo. Diante de que tribunal um sonho poderia ser citado em testemunho de acusação ou de revelação?

A "maravilha" inquietante do sonho conheceu, desde o Renascimento, um eclipse proporcional ao apagamento da tradição no qual se manteve a arte da conversação — se não da conversão — que se dá entre uma alma e um corpo. Naquilo que no fim da Idade Média foi chamado de "dormirvigília", quando entre despertar e sono a fantasmagoria pode se aliar ao transe e à potência do pensamento, aquele que busca acede a um estado de inteligência segunda. Os sonhadores gigantescos que são Calderón, Rabelais, Cervantes, Shakespeare o souberam. Mas aí se abre outra história.

Uma herança cartesiana

O sonho, em Descartes, é uma razão de duvidar como o diz magistralmente a primeira meditação, e na prova da aplicação da dúvida radical, é uma ameaça que coloca em perigo as distinções familiares (realidade, ilusão...) como as opiniões mais bem verificadas. A referência ao sonho, em Descartes, é fundadora do estado de emergência do sujeito. Ele desloca a verdade de suas próprias percepções do mundo e de seu próprio corpo. O sujeito das *Meditações* sai da noite, ainda sonolento, cheio das imagens do sonho, mas também desta melancolia de quem passa de um estado a outro. Não há busca da verdade, nem de quem nós somos, sem passar pela prova do sonho. A última meditação fala de um sonho apaziguado. Encontra-se aí a seguinte excelente observação: "nossa memória não pode jamais ligar nem juntar nossos sonhos uns aos outros e com toda a continuidade de nossa vida, assim como ela costuma juntar as coisas que nos acontecem estando acordados..."

O sonho conta a vida diferentemente da memória... É preciso fazer do sonho um enigma tão importante quanto o da memória, os dois sendo forças constituintes do sujeito dentro do tempo, o sonho pela exploração imaginária, a memória pela do passado. Em uma carta escrita de Amsterdã a seu amigo Jean-Louis Guez de Balzac, em 15 de abril de 1631, Descartes diz:

> Eu durmo aqui dez horas todas as noites e sem que jamais nenhuma preocupação me acorde depois que o sono por longo tempo levou meu espírito para passear em bosques, em jardins, em palácios encantados onde experimento todos os prazeres imaginados nas fábulas, eu misturo então insensivelmente meus devaneios do dia com aqueles da noite e, quando percebo ter despertado, é somente a fim de que meu contentamento seja o mais perfeito, e que meus sentidos participem disso.

O sonho não é mais uma ameaça a partir do momento em que o sujeito desperto o acolhe em uma perspectiva de contentamento.

O gênio malicioso que Descartes convoca à cabeceira da dúvida é uma peça fundadora de uma relação ao real que não seria finalmente pervertida. Ele está diretamente ligado à capacidade que Descartes tem de aceitar seus sonhos, de dar conta deles, e de dizer que estiveram no princípio mesmo de suas descobertas. O real (a extensão) encontra-se salvo em sua potência de aparição e em sua cientificidade (o que dirá magistralmente Husserl), e será possível doravante enumerar a extensão e não ceder às loucuras do sonho, sabendo que, em caso de dúvida, é a experiência de uma radical despossessão de si que deve sempre ser refeita.

Adversários

Não é Freud que descobre que o sonho tem sentido, mas ele fez do sonho "a via régia do inconsciente" e o alojou como uma pequena granada no coração do dispositivo da razão, o que ninguém havia ousado antes dele. Que crime o de atentar assim contra a herança do Iluminismo, fazendo da consciência uma convidada em sua própria casa, cujo senhor dos lugares seria, em realidade, não somente mais poderoso, porém mais bem informado que ela!

Freud confrontou-se com Jung — seu discípulo preferido antes de ser repudiado — sobre o tema, notadamente, do sonho. Ao dualismo freudiano, que no fim de sua vida, com a segunda tópica, torna-se uma espécie de gnose, opõe-se o monismo junguiano e a ideia de que o sonho porta a matriz de uma possível realização do si. Pois para Jung o sonho (como os delírios, as obras de arte, as crenças) participa daquilo que ele denomina arquétipos, figurando entidades simbólicas que a consciência não pode integrar como tais. Esses arquétipos são reconhecíveis em nossos sonhos de acordo com a hospitalidade que lhes proporciona o sonhador, mas também graças à efetividade de que dão prova. A via do sonho, quando é decifrada, indica para o sonhador o perigo de estar alienado, ou, ao contrário, sua progressão em direção àquilo que Jung chama de "a individuação".

A oposição fundamental de Jung a Freud reside na afirmação de um desígnio. O si junguiano, que não é redutível ao eu, é suposto desejar crescer; é atribuída a ele uma espécie de vitalismo interno, ao passo que em Freud, herdeiro de Schopenhauer, a dualidade reinante entre pulsão de morte e princípio do prazer divide o sujeito até em seus alicerces mais arcaicos. Jung considera que um sonho deve ser apreendido como um ensinamento enquanto Freud considera-o como sendo a realização disfarçada de um desejo recalcado cuja fonte está na infância. "Todas as manhãs", comenta Conrad Stein, "o gume de nosso despertar nos reinstaura no ódio, ao passo que a cada noite — assim como o cogumelo nasce de seu micélio — nos foi dado renascer de nossa pré-história, de modo idêntico ao desejo de nosso sonho, em nossa condição de criança de sonho."[1]

E se o sonho não resultasse somente de uma supressão do recalcamento — após intervenção da censura —, mas propusesse um objeto de sentido inédito? "A coincidência, até no detalhe dos fenômenos que a censura (política) tem

1. Conrad Stein, *Le Monde du rêve, le monde des enfants*, Paris, Aubier Psychanalyse, 2011, p. 300.

com aqueles da *desfiguração* do sonho, autoriza-nos a lhes atribuir determinações similares", escreve Freud.

> Nós podemos, portanto, reconhecer, enquanto artesão da formação do sonho, duas forças psíquicas, presentes em todo ser humano, e das quais uma forma o desejo expressado através do sonho, enquanto a outra exerce uma censura sobre esse desejo do sonho e, sob o efeito coercitivo dessa censura, obtém que sua expressão seja desfigurada.[2]

Essa desfiguração, porque se aparenta com um ato de resistência política, oferece ao roteiro onírico, impecavelmente construído sob a aparente inverossimilhança, a possibilidade paradoxal de dizer aquilo que *é*.

O que leva um sujeito a crescer ou a se autodestruir? A questão que dividiu esses dois homens excepcionais, e seus discípulos depois deles, é crucial pois pergunta sobre um "finalismo" da consciência na linhagem de um darwinismo do ser. Freud não estaria longe de pensar que a pulsão de morte tenta fazer o sujeito sempre voltar para o mais perto possível de sua origem, assim como "o sonho pode nos trazer de volta a cada noite a esse Paraíso [...] da primeira infância

2. Sigmund Freud, *Œuvres complètes*, t. IV, Paris, PUF, p. 149. [Grifo da autora.]

(do período pré-histórico)".[3] Mas seu pessimismo jamais está longe de um estoicismo das paixões. É em um fantasma de extinção, para ele, que a pulsão de morte opera na proximidade do sonho para nos fazer regressar aos recônditos de uma origem já perdida para sempre. Freud buscou, no "alambique do sonho", as escórias das representações de pulsão e nisso descobriu a maneira pela qual a consciência pode transcodificá-las graças ao filtro da linguagem. O espaço do sonho atesta dessa maneira, como o dito espirituoso, que mesmo subtraído ao entendimento, o *isso* não cessa de se fazer ouvir e de proporcionar ao sujeito uma satisfação alucinatória. Lá onde o *isso* impõe, o sonho dispõe.

Era preciso ousar este livro: *Die Traumdeutung*! A posição de força de *A interpretação dos sonhos* de Freud foi assumida. A herança foi endossada, discutida, transmutada por uma raça de gigantes que se consideravam ainda pesquisadores de ouro: Ferenczi, Winnicott, Bion, Klein, Lacan, Leclaire, Dolto, Green... Hoje, o que fazemos com tudo isso?

A hipótese de Masud Khan, psicanalista anglo-indiano fora das normas, é que um sonho que se atualiza no espaço do sonho limita o risco de "passagem ao ato" (*acting out*) no espaço social. Mas ao inverso, se um paciente não pode se fundar sobre um espaço onírico, por incapacidade de sonhar ou

3. Ibidem, p. 283-284.

de dominar o sonho, ele tentará utilizar seu meio social e sua relação à realidade como a seus objetos de desejo para realizar seus sonhos na vida "de verdade". Para Khan, o processo do sonho é um dado biológico, mas o espaço simbólico que ele mantém aberto é uma conquista do desenvolvimento do si.

"O homem vígil", escreve L. Binswanger,

> brota do sonhador no momento insondável em que ele decide não somente querer conhecer aquilo que lhe acontece, mas também intervir ele mesmo na marcha do acontecimento, introduzir, na vida que se eleva e tomba, a continuidade e a consequência. Nesse momento, ele faz alguma coisa. Mas o que ele faz não é a vida — pois o indivíduo não a pode fazer —, é a história.[4]

Sobre a questão da "ciência do sonho", estamos mais adiantados? Com o que nós chamamos modernidade, a concepção materialista sobrepôs-se a outras visões do mundo. As neurociências ensinam-nos que o cérebro, capaz de adaptação, de aprendizagem e de mutação, pode também reconstituir faixas inteiras de memória lesadas, reespacializar os movimentos do corpo depois da perda da visão, etc. A essa compreensão eletromagnética da plasticidade do cérebro corresponde a exploração numérica das imagens mentais, o deciframento

4. Ludwig Binswanger, "Rêve et existence", op. cit., p. 255.

cada vez mais desenvolvido dos sonhos e dos delírios. Essas matemáticas do sonho nos revelarão a maneira pela qual nossa consciência compõe com o real? Quem pode duvidar ainda de que nossos sonhos serão desnudados nas equações de um futuro *onirograma*? Por enquanto, senão pela medida de sua "atividade de descarga", os biólogos não têm acesso aos conteúdos dos sonhos.[5] A psicanálise será proximamente relegada à posição de mitologia pelas neurociências, como anuncia a demagogia científica e a indústria farmacêutica? Ela continuará a questionar as figuras do desejo em seus entrelaçamentos com o sonho ou cederá aos mercadores de sono artificial o cuidado de nos curar *do* sonho?

5. Ver a obra notável de Catherine Malabou sobre esse tema: *Les nouveaux blessés, de Freud à la neurologie*, Bayard, 2007.

Modos operatórios do sonho

O gênio do detalhe

Aparece uma criancinha com botinas vermelhas, tu te espantas que ela tenha sido deixada sozinha. Aproximas tua mão para tocá-la. Estás de pés descalços agora, a cidade abre-se sobre um rio selvagem. Diante de ti há um pássaro vermelho que entra na água e, por sua vez, desaparece.

Por que *vermelho*?

Cada detalhe, dentro de um sonho, figura o sonho inteiro. Todo elemento que o compõe deve ser considerado, sobretudo os fragmentos que parecem não se reportar ao roteiro senão de muito longe. O que parece ser o motivo central do sonho não é mais significativo que a cor de uma "pequena faixa de parede amarela". As escalas de valores, de urgência, de grandeza não são aí respeitadas. As mínimas informações, os números dados como ao acaso: tudo é importante. Impossível hierarquizar, e até mesmo triar. Impossível também confiar no sentido declarado da sequência onírica. Também nesse jogo Deus mora nos detalhes... Os fragmentos cujo desfoque dá-nos o sentimento de que o essencial se perdeu bastam em si próprios para aproximar o cerne do sonho. Na *Traumdeutung*, Freud considera que, em um detalhe que será repetido ao menos duas vezes, se revela um motivo que a cena principal, de certa maneira, desloca. E maquia. Cada um troca de lugar: o núcleo central do sonho esconde-se em um signo, enquanto a escuta do analista teria a tendência de ser captada por aquilo de que o sonho parece falar. Nesse sentido, esse estranho balé — deslocamento, disfarce, *trompe-l'oeil* — aparenta-se com a maneira pela qual uma cena traumática é recalcada pela consciência e de que apenas alguns fragmentos, em aparência anódinos, voltam a assombrar o sujeito sem que ele possa reconhecer sua origem.

O sonho sabe ser um mecanismo de alta precisão. Suas soluções são decifráveis em vários registros, à condição de trabalhar para deslocar sem cessar o ângulo habitual de visão. Jogos de palavras brilhantes, imagens unidas umas às outras como uma ponte tramada acima do trauma, elipse de um sonho esquecido pela metade cuja lembrança retornada diz exatamente aquilo que o sonhador, constantemente, recalca no cotidiano. O sonho não poupa nada, entretanto ele não força jamais. É possível não o ouvir, sobretudo o cristalizar. Lembrar-se dele já é consentir estar na presença daquilo que nos questiona desde uma noite mais selvagem do que se acreditava. "Nos sonhos mais bem interpretados", escreve Freud,

> deve-se com frequência deixar um ponto na obscuridade, porque, ao longo da interpretação, percebe-se que ali se arma um emaranhado de pensamentos do sonho que não se deixa desenredar e que não trouxe novas contribuições [...] à inteligência do conteúdo do sonho. *Tal é o umbigo do sonho, o lugar onde ele se apoia sobre o desconhecido.*[1]

A inversão

Um dos modos operatórios do sonho que Freud reconheceu e descreveu é a inversão.[2] Como em *Alice no País das Maravilhas*, o sonho funciona segundo uma lógica em que tudo pode se inverter: ódio em amor, busca em fuga, perseguição em desejo, etc. Essa capacidade do sonho de transformar uma ação (de passiva em ativa e vice-versa) ou a natureza de um personagem (de bom ele se torna perseguidor), mas também um objeto, ou uma parte do corpo (desejo-aversão), etc., é decisiva tanto para a censura, que pode assim operar sem o conhecimento da consciência, quanto para a inteligência que aí se mostra. Quando endossamos uma situação em toda sua impotência, o sonho

1. Conforme a primeira seção do capítulo VIII (capítulo VII da edição brasileira publicada pela Companhia das Letras, 2019, volume 4, p. 575) de *A interpretação dos sonhos* dedicada ao esquecimento dos sonhos, op. cit., p. 578. [Grifo da autora.]

2. *Inversão*: no original, em francês, o termo é *retournement*: "reviramento" ou "reviravolta". [N.T.]

outorga-nos um poder mágico para nos livrarmos dela, indicando-nos uma via de resolução. Quando uma pessoa nos parece deliciosa, o sonho ressalta sua sombra, por exemplo sua capacidade de ciúmes ou de inveja. E essa inversão pode se ramificar em feixes sutis, brincar em diferentes registros, modificar radicalmente uma situação a fim de que ela nos apareça sob outra luz — cabe a nós reconhecê-la.

O sonho parece esposar as estratégias da neurose, mas deslocando-as, empurrando-as ao limite, invertendo-as. O sonho encontra soluções inéditas para problemas antigos, isto é, para figuras mortíferas da repetição. Ele trunca os dados do real disponíveis para a consciência (uma lembrança, um desejo, um projeto) colocando à luz outra verdade. É o espelho deformante que diz a verdade. Lewis Carroll nesse ponto vai mais longe que Kant. Se ela não considerar a violência que pode habitar uma pulsão até seu ponto de inversão[3], a razão ética não saberá jamais dar conta dos esquemas da repetição, nem daquilo que a torna necessária (em particular aquela do mal repetido, suportado ou agido). O sonho, invertendo todos os códigos que compõem nossa imagem do mundo, chega a revelar, em um empreendimento quixotesco, o desejo que secretamente nos mantém e arma nossa vida.

---

3. Cf. nota anterior.

E se, nessa lógica da inversão[4], também a censura fosse utilizada para produzir um desvelamento? Nesse caso, ela não bloquearia o acesso a uma verdade recalcada do passado, mas serviria aos fins de uma mutação em curso. O sujeito que sonha é um indivíduo perigoso que deveria ser deferido às autoridades da consciência. Pois o sonho é um procedimento subversivo de informação, contrariamente à pulsão de morte, que o sujeito pode escolher ouvir ou não. Levar em conta ou ignorar. Um sonho pode mudar uma vida. O gênio que ele desvenda não vem somente dos alicerces do desejo ignorado, mas do alto, de uma informação sobre o real que nos precede e nos excede.

O vetor de conversão

O sonho é o duplo cinético de nosso estar-no-mundo. Ele acompanha nosso presente, ora oferecendo, ora subtraindo à consciência aquilo que *está* acontecendo, cuja gênese e cujo movimento temos tanta dificuldade em compreender. Somente ele exprime nossa fragilidade em seu ponto de incandescência, quando ela se transforma em poder mágico, em força, em liberdade. O desejo de escapar a seu corpo carnal faz o leito do sonho que anuncia uma nova capacidade em "levantar voo". O sonho dá asas. Aí é permitido transformar-se. A identidade do sonhador é múltipla, inacabada. É essa

4. *Renversement* em francês. [N.T.]

capacidade de metamorfose que, em sua arborescência, vem oferecer soluções a nossos entraves. Mas o sonho só voa por ocasião de nossos abismos. Se ele não faz a economia da questão do mal, sua amoralidade não é sem ética. Mas o mal com o qual sonhamos é o nosso? Como ler o sonho do tirano, do assassino, do estuprador? Ele impede-nos de esquecer que é no lugar da negação de nossa vulnerabilidade que pode nascer a crueldade.

Nossa responsabilidade consiste em cuidar daquilo que em nós é *capaz de sonho* — como de rezar ou escalar um cume a oito mil metros sem oxigênio. A capacidade é um jeito de estar no mundo cujo valor de sentido ativa-se ou desativa-se segundo a maneira pela qual se apodera de e se confronta com isso. Porque não há uma solução imaginária para o recalque, e sim uma dinâmica, no sentido deleuziano do termo, "o achado do sonho" traduz em imagens e em palavras um real que nos convoca a responder por ele.

O sonho, desde a borda mais sensível de nosso desejo, exprime aquilo que está em gestação, mas sobretudo é, *nele mesmo*, uma força de mutação; um vetor de conversão. É por isso que ele nos eleva. Os indígenas sabiam disso. Seus ritos de iniciação levam o sonho a sério e consideram a viagem nesses territórios uma das mais perigosas.

Um sistema periódico

Alguém te persegue, tu tentas escapar e de repente sentes o solo afastar-se, tu ganhas altura, tu voas.

Seria bom poder, como se faz em química, montar um sistema periódico do sonho. E dizer:

Que a água dos sonhos — oceânica, de rios ou de lagos fechados — é a mãe matricial na qual, antes de nascer, nos "banhamos", aquela que foi para nós a primeira aparição do mundo.

Que o animal é o ser pulsional que nos habita, segundo os traços que ele toma emprestado.

Que a criança do sonho ainda somos nós, que sua presença acusa de abandono.

Que aquele que nos persegue no pesadelo, com um punhal na mão, é o rosto invertido de nosso próprio desejo de homicídio.

Que o desconhecido com quem partilhamos um erotismo de uma liberdade siderante é talvez o amigo mais próximo cujo desejo calamos para nós mesmos.

Que o medo de avião, transposto em sonho, evoca outros *transportes* interditados, que o terror está o mais próximo possível do desejo.

Que todos os espaços nos quais encontramos refúgio nos sonhos são um reflexo de nosso envelope carnal, como da maneira pela qual tratamos nosso corpo.

Que nós somos todos os personagens do sonho.

Essas correspondências e miríades de outras existem, mas os elementos que as compõem não são compatibilizáveis dentro de nenhuma regra. Cada sonho cria sua própria matéria simbólica e serve-se, para tal, de esquemas por vezes milenares e de significantes carregados de história. O que ele retira na singularidade de um desejo, de um destino, ninguém sabe, já que é o sonhador que, ao se lembrar de seu sonho, conta para si uma história de sonho. O que lhe restará dela em seguida, alguns dias ou meses mais tarde, vai compor um fermento tão sutil quanto o próprio sonho, e enriquecerá a capacidade imaginária do sonhador e seu acesso a sua secreta maquinaria desejante.

As palavras do sonho

> *... pois a linguagem é aquilo que, para nós todos, "sonha e cria" bem antes que o indivíduo mesmo tenha começado a sonhar e criar.*
>
> L. Binswanger

Não existe descoberta de um sonho sem relato, isto é, sem alteridade. E a escuta, distraída ou paciente, de outrem — ainda que esse outro seja o próprio sonhador — ou de vários outros. Há no relato do sonho os restos de uma cerimônia, as migalhas de um grande banquete do qual nós não nos lembraríamos em honra de que ele foi dado. As culturas, notadamente indígenas, que se lembram disso, guardaram preciosamente as regras através das quais uma comunidade reencontra sentido em torno da partilha de um sonho. Para nós, a ocasião é reservada à sessão de análise, ao amigo ou ao amante, ao desconhecido encontrado na noite, com quem, de repente, nos abriremos. Não deixa de ser um estranho arranjo devido à própria escolha das palavras, mas também ao momento achado e ao tempo atribuído para dizê-lo.

As palavras que contam um sonho procuram reencontrar seu sabor, sua atmosfera, sua vibração. Elas são aquelas pelas quais se desvela o infinito registro da sensibilidade daquele ou daquela que dorme. Em uma sessão, um sonho leva com ele não somente imagens, sensações, lembranças, mas também faixas inteiras da literatura e das outras artes. A linguagem que o psicanalista virá a colocar muito lentamente, por vezes muito silenciosamente, sobre as palavras do sonho, acrescentará uma substância nova ao sonho. E, segundo a maneira pela qual ele terá sido ouvido, alterado ou ignorado, um sonho mudará de sentido, de efeito, de território.

O sonho ignora o princípio de não-contradição

A lógica do sonho não cede ao princípio de não-contradição. Que A não seja igual a não A não está no princípio da invenção onírica. Contrariamente a Aristóteles, que funda a ordem do logos sobre o princípio de não-contradição e de causalidade, a inteligência do sonho é pós-aristotélica. Nem a utilização polissemântica do vocabulário e dos signos em uma sequência onírica nem a argumentação que ela parece seguir ou a lógica que a sustenta obedecem aos princípios aos quais nós habitualmente, por conveniência, nos curvamos.

Há toda espécie de palavras relatada pelo sonho: cortadas, rasuradas, sugeridas, apagadas, invertidas. Elas falam por si mesmas ou traduzem significantes de múltiplas entradas: datas, números, ordens, listas, cartazes... A invenção de que dão prova, sua disposição na cena onírica, mas sobretudo sua restituição no relato que será feito, constroem uma charada cujo "todo" não será jamais acessível e não precisa ser, tão infinita é sua riqueza. Essas palavras do sonho criam *outra* língua cujas ocorrências, elipses, repetições, metáforas, alusões formam um texto que se apresenta a nós como um enigma, certamente, mas sobretudo como um tesouro do ser. Sua plasticidade como as múltiplas interpretações às quais elas se prestam fazem do sonho um objeto mágico, isto é, um vetor de sentido em tempo real. Pois, quando o sentido opera fora de nossa possibilidade de compreensão, ou ao menos quando ele a excede, é possível dizer que se produz uma espécie de sobrenaturalidade. É um efeito que dá o sentimento de profecia. O caráter oracular do sonho vem-lhe dessa língua nova alojada como um dispositivo de inteligência maior, cujo sonhador é de certa maneira o depositário, o guardião e o instrumentista.

E se o desrespeito, pelo sonho, do princípio de não-contradição formasse a matriz de sua força combativa, em vez de ser uma porta *furtada*? É possível dizer do sonho que, como bom dialético, ele mantém as contradições ao mesmo tempo em que as supera (*Aufhebung*). A contradição lógica, quando surge em uma sequência onírica, é transcendida com os próprios elementos do conflito psíquico. As situações inextricáveis se resolvem aí como por encantamento, os desejos inconfessáveis são empurrados até o absurdo, os traumas são revividos e transmutados, ao risco de que o pesadelo tenha primazia no lugar onde jazem as lembranças mais bem enterradas. Mas nada é deixado ao acaso ou de fora.

Se a atividade onírica deixa um desejo em migalhas recompor-se nas trevas de nossas noites, ela é por isso *submetida* ao recalcamento? O sonho é somente um dispositivo transgressivo ao olhar do armamento moral, que quereria nos dar razão contra ele? Ele não provém antes de uma empresa salutar para a consciência de *falsificação* em conformidade com nossas representações?

Aquilo em que um sonho insiste — ali onde a guerra assola, ou o conflito estende-se, ou o terror dissimula-se sob os traços de uma estranha doçura — é uma linha de risco.

Nos arredores do trauma

As palavras que dizem o sonho tecem, no estofo das quimeras, uma narração das origens mais ou menos tóxica, mais ou menos benéfica, purificadora... Elas informam de viés a consciência de um processo vital que esta parece não querer levar em conta. Tudo se passa como se o desejo, cujo sonho é o mensageiro, fosse tratado como intruso. Como a bordo de um navio em perigo de naufrágio, o tempo tomado pela consciência para realizar a gravidade do curso de água não está à medida do risco. É preciso muita coragem para avaliar a situação e decidir, contra toda "razão", mudar drasticamente de direção. As saídas de depressão são a este preço: seria preciso ter uma consciência muito viva do perigo de se tornar um zumbi — o que os medicamentos lhe fazem precisamente perder de vista — e começar por ouvir aquilo que dizem os sonhos.

Alguém te chama. É um pai de família polonês que vive em uma vila ao lado de Auschwitz. Ele te anuncia que precisa ser convidado oficialmente para poder sair dali, ele e sua família. Mas para isso é preciso que tu aceites ir para lá e passe uma temporada no lugar dele.

O sonho bordeja os territórios do traumatismo. A partir de quando e como se pode falar do trauma? Foi quando a fantasia sadiana aplicou-se no real da carne? Foi quando o sonho de apropriação do outro conduziu ao homicídio? Quando a possessividade exacerbou-se em controle total? Se o ódio é aquilo que constrói imaginariamente uma armadura para nossa identidade, se à vergonha, em suma, responde a crueldade, é porque o sonho não operou sua função de sublimação, isto é, de operador do simbólico. É difícil para a criança aceitar que ela não foi a única razão de viver daquela que a colocou no mundo, que ela até mesmo talvez só tenha existido como criança na periferia. A denegação dessa realidade e todas as formas de fuga são, então, bem-vindas.

O sonho constrói roteiros dos quais somos os heróis secretos, oferecendo-nos assim, a despeito do perigo ou graças a ele, uma realeza reconquistada. A jovem adolescente, no momento de suas regras, deveria compreender que é tempo de se separar de sua mãe, de conquistar um espaço próprio que ela deverá apenas à sua coragem, à sua determinação, à sua confiança na vida também. A melancolia é por vezes, diz J.-P. Winter[1], o sinal de que abdicamos e de que nós o sabemos; ela assombra-nos com esse saber de que deveríamos ou poderíamos ter combatido, ao menos nos revoltado, e que

1. J.-P. Winter, ver especialmente o notável *Choisir la psychanalyse*, Points, Seuil, 2010.

não tivemos a força para isso. Ela trai esse silêncio secreto, eis por que ela é sempre também uma ira.

Tu perdeste tudo, tua bolsa, teus papéis, tu não tens mais nada.

Como o sonho pode ir aquém do objeto perdido da melancolia? Nem sempre uma vida inteira é suficiente para superar isto: para nascer, nós começamos por perder este mundo matricial que durante nove meses nos carregou, esta voz materna que nos imaginou ou temeu, cantou, esperou, libertou, entregou.

Como se atravessa a perda senão a antecipando, indo a seu encontro? A estratégia do ego é jamais perder. Evitar a todo custo a falta. Saturar o tempo e o espaço. Tornar aceitável para a consciência todas as razões possíveis de escapar ao vazio deixado pelo outro quando ele desapareceu. Esforçamo-nos para esquecer o resto, o que nos é difícil, até mesmo contrário. A estratégia, fundada no evitamento, necessita da astúcia. Quando a mordida da perda reaparece na existência, a saber, que o que tinha sido não é mais, vem o sentimento de indignidade, de erro. Daquilo que em nós tropeçou, não esteve à altura. Perseguição renovada do futuro anterior.

Podemos certamente levar o combate. Sentir-nos-emos esgotados sem encontrarmos a paz, ganharemos também uma intensidade a cada vez renovada. Nenhum "abrir mão" será suficiente para encontrar a paz. Trata-se de atravessar a perda, indo mais longe que ela. Mais longe, isto é, como revela a anamorfose, onde há o retorno. O que exige uma conversão do olhar. A cabeça aparece, sim, sob os mistérios. Mas não é o único reviramento: a beleza do quadro revela também a facticidade da melancolia face à invenção da vida. O sonho, em um sentido, cumpre esse trabalho. Ele desvela os falsos-semblantes, atualiza as fantasias, mas inventa também outras proposições, outras figuras inéditas que o sonhador não conhece ainda.

Presságio

Querem ser responsáveis por tudo! Exceto por seus sonhos! Que lamentável fraqueza, que ausência de coragem lógica! Nada lhes é mais próprio que seus sonhos! Nada é mais obra sua!
Nietzsche, em *Aurora*

O sonho obriga-nos a confrontarmo-nos com o *nonsense*, ao elaborarmos uma encenação com mosaicos de imagens, de sons, de significantes (ou supostos como tais), dos quais apenas breves sinais subsistem aqui e ali sob o cuidado de nossos dias e emoções passadas.

O sonho apaga-se, devora-se, esquece de si, estica-se, convoca-nos a coexistir em tempo real com aquilo que escapa completamente à ideia que fazemos de nós mesmos. Obriga-nos a ir ao encontro daquilo que, nesse absurdo anunciado, faz sentido. Um sentido que não estaria somente escondido, mas vivo organicamente em nós, um sentido que portaria, em seu próprio movimento de vinda à luz, nos restos diurnos que ele expõe, na dobradura da fantasia e do real que ele curva um em direção ao outro, a verdade fragmentada não somente de um passado, mas de um futuro.

O sonho é uma presciência "maravilhosa". E nisso também ele é genial. No sentido estrito "do que vê adiante". Um anúncio ou, antes, uma anunciação — no que veremos ser o duplo exato da figura do mensageiro dos deuses ou dos gênios de contos, tal como toda civilização, ou quase, o imaginou. Uma anunciação reporta-nos nossa própria fala como se ela nos viesse de outrem, é a voz de uma transcendência interior. O efeito atraso da consciência permite ao sonho presumir aquilo que vem se libertar ou estar sob ameaça de extinção (uma somatização, um acidente) antes que o sujeito tenha obtido tal confirmação. Ele é um presságio, não no sentido de uma bola de cristal na qual poderíamos ler o alcance de tal acontecimento ou de tal pessoa em nossa vida, mas no sentido literal de uma anunciação — a gestação de um mundo por vir que já portamos e cujas premissas nos são oferecidas na enigmática presença do sonho para nós mesmos.

II

Da fantasia

Muitas dessas mensagens que acreditamos serem mensagens opacas do real não são mais que as nossas próprias. É isso que está para nós conquistado no mundo dos deuses.

Lacan, em *A transferência*

Aparições

Segundo a etimologia grega, *phantasma* significa: aparição, imagem oferecida ao espírito por um objeto, espectro, fantasma. Em latim o sentido quimérico acentua-se, a imagem é ilusória, a representação pela imaginação enganosa, a aparição fantasmática. A *fantasia* no século XIII toma definitivamente o sentido de falsa aparência. Em 1832, é encontrada significando alucinação na linguagem médica.

A fantasia, portanto, peregrinou por muito tempo antes de se fixar no território da imaginação erótica. Ela deu a si mesma muitas vidas. Desde a aparição espectral até as regiões das ilusões perigosas, a fantasia percorre uma linha de horizonte que a desloca de uma borda à outra dos pavores do desejo. À gramática enigmática do sonho ela opõe um saber-fazer de mágico que expõe seus truques à vista e ao saber de todos. Do fantasma com o qual não tem apenas uma afinidade lexical, ela mantém o poder de nos surpreender oferecendo em impressão sobreposta do real um acréscimo de vida mais intenso.

Desde que a literatura, notadamente a partir do romance gótico inglês, convidou explicitamente as fantasias à sua mesa fazendo delas suas convidadas de honra, desde que a fotografia e o cinema lhes deram corpo, sua acepção corrente confina com a de uma visão catártica. Convocadas pela psicanálise para serem reconhecidas, elas tomaram a nossos olhos uma conotação patológica, enquanto é também graças a essas aparições fugidias que o desejo estende toda sua iridescência.

As fantasias têm ainda a vida bela? Nunca nenhuma época as terá mimado tanto, dando-lhes licença para se exporem sobre todas as telas possíveis. Elas deslizam sobre a face lisa do real que as reflete e as alavanca. Aqui não há nenhuma necessidade de atravessar o espelho. Mantidas por meio de biotecnologias cada vez mais intrusivas, elas contribuem para fazer da esfera da interioridade um puro efeito de prisma. As fantasias são contemporâneas de uma idade do mundo? Elas se modificam substancialmente ao longo do tempo? Qual é a parte coletiva da fantasia que um indivíduo abriga e mantém, seria possível fazer seu inventário? São dados em espetáculo seus sucedâneos em todos os suportes midiáticos, disseminados no mínimo discurso. Imiscuem-se no grande maquinário das imagens do mercado mundial. Mas aquelas não são cópia da cópia?

O empreendimento de nivelamento das mentes que requer uma economia globalizada atacará também o imaginário, porque aí começa o trabalho da liberdade. Por vocês, fantasias serão feitas. Vocês só precisarão descansar sobre os estereótipos culturais e publicitários da erotização barata, de preferência sadomasoquista, que se propaga cada vez mais rapidamente e com fins comerciais. Será proposto a vocês e acreditarão dispor. Precisarão aumentar suas necessidades, toda imagem será boa para isso. Pouco importa que a sensibilidade deva reduzir suas pretensões em imaginar o mundo, os corpos, o amor, a natureza, uma vez que as fantasias pré-fabricadas se assemelham todas e valerão para todos.

No entanto, a fantasia é uma língua que fala, como o sonho, do desejo. Mas esta é tão exposta quanto a do sonho é secreta. E não somente exposta, mas solicitando todos os registros da consciência, as possibilidades do imaginário, usando para esse fim combinatórias múltiplas do erotismo, do interdito e da transgressão, já que é daquele mistério que nós viemos. Enquanto formos seres sexuados (talvez esteja no programa precisar sabiamente renunciar a isso), o erotismo e todas as declinações do desejo serão também um pensamento, isto é, uma possível elevação em direção ao mistério.

A cenografia que as fantasias encenam para a tela privada da consciência é uma projeção pessoal cuja função é excitar. Também algumas vezes inquietar, indo à beira daquilo que seria representável. As imagens parciais, em eclipses, fulminantes, vivas, sedosas, mas também horripilantes ou grotescas, que as fantasias elaboram, buscam captar o que o desejo tem de incontrolado. Contrariamente aos sonhos, elas não têm acesso direto à grande reserva do vivente que transborda da consciência. Mesmo que também recorram a uma fonte muito vasta, sua aparelhagem é complicada, necessitando que a imaginação colabore ativamente para sua ativação. As fantasias não são somente devaneios, elas são organizações muito preparadas de nossas pulsões segundo trajetos imaginários cuja importância somente o sujeito conhece. As fantasias parecem, à primeira vista, armar as repetições, sustentar os fetichismos, subscrever aquilo que na neurose "quereria" e "não pode". O erotismo é o que se desenrola a partir do horizonte do desejo mesmo, mas não o contém, o que remete a uma álgebra exata deste primeiro momento do mundo em nós, a configuração que ele tomou, o ângulo, em suma, de sua efração.

As fantasias têm com o gozo uma comunidade secreta, aquela de aparecer quando o sujeito se apaga, de obrigá-lo a ceder seu lugar e dissolvê-lo dentro do acontecimento. Todas as adições e transgressões recolhem em nossa capacidade fantasmática sua possibilidade de estender seu reino em nós. Nenhuma delas poderia prescindir da fantasia, que nos oferece a primeira dose. Quando os videogames, cuja sofisticação guerreira invadiu as telas, fazem passar nossas fantasias pelo desfile de uma mitologização tanto mais pesada quanto é servida por uma tecnologia de ponta, elas prescindem de nosso consentimento para agir sobre nossas pulsões. Porque elas convocam uma capacidade de atenção aumentada e um desejo de ser outro, multiplicando, por exemplo, as "vidas" virtuais do personagem com o qual nos identificamos, elas ordenam as coordenadas de nosso imaginário à sua lógica. Tendem a fazer os jogadores aderirem a clichês que podemos temer que acabem por alterar a capacidade do sujeito de produzir suas próprias cenas fantasmáticas.

Hoje em dia, a sexualização maciça do campo social mascara uma clivagem cada vez mais evidente, ao menos nos suportes de representações que nos são ofertadas, entre uma obscenidade absolutamente necessária e um puritanismo igualmente obrigatório. Como isso não correria o risco de resultar no empobrecimento das cenografias interiores em que se desenrola o registro do erotismo? Na medida em que a fantasia tem parte com o eros, ela atravessa os campos do imaginário, da vergonha, do interdito, sem se confundir com eles. E poder-se-ia duvidar que o sexual seja ainda, fora do interdito que ele continua a representar (mas por quanto tempo...?), o anagrama secreto das épocas futuras. O *"no sex"* exibido por alguns como uma reivindicação nova, e até mesmo como um índice de reconhecimento, será talvez o breviário de uma época em que se quererá acabar com a sexuação e tudo o que ela traz.

Nós temos dificuldade de pensar em tempo real a mutação que se realiza sob nossos olhos. Ela é lida até na maneira pela qual a fantasia hoje, ao mesmo tempo, prospera e declina. Exibida em todo espaço público e privado em que o desejo se oferece ao consumo, ela declina na língua subjetiva e individual, nos consultórios de analistas, nas alcovas e nos escritos. Ela elide-se fora desse espaço que a fazia se infiltrar nos espaços do íntimo.

Mas, enquanto falarmos e tivermos um corpo sexuado, é provável que a fantasia permaneça como o traço mágico que liga, tão eficazmente, a vida do desejo e a possibilidade que o real oferece em recebê-la. Uma vez que se diz de uma situação, de um objeto, de um local do corpo, de um gesto, de um lugar que "fazem fantasiar", nós atribuímos ao real, portanto, ser o revelador de um desejo ao qual ele oferece uma possibilidade secreta de fixação. E de reiteração. As fantasias prometem-nos assim o retorno interiorizado do objeto percebido e perdido, da situação excitante entrevista e desvanecida, do gesto perturbador tão logo apagado. Elas virão cristalizar em torno de algumas imagens esse objeto do desejo e ligar-nos uns aos outros de maneira bem mais eficaz que toda promessa, todo juramento, toda história de amor. Elas atravessarão todas as línguas enquanto nós falarmos e prestarmos juramentos de verdade, onde quer que seja. Pois a fantasia age como um revelador, dando-se por quimera ali mesmo onde nós buscamos a verdade. Onde nós nos ferimos constantemente em mal-entendidos, álibis, pretextos, em resumo, em tudo o que faz de nós seres de desejo e de ódio, seres atravessados pelo desconhecimento, e sabendo disso, confusamente.

À livre inteligência dos sonhos opõem-se os jogos regrados das fantasias. Quase tudo os opõe: o sonho é um território do qual não conhecemos nem as leis nem o tempo, ele vem a nós e se apaga, deixando-nos habitados por seu enigma. Ele pertence a mundos aos quais nem nossa memória, nem nosso entendimento podem diretamente se unir, escapa à nossa vontade como ao conhecimento ponderado de nós mesmos. As fantasias exercem seu império sob o olhar da consciência. Elas desenrolam suas possibilidades de sensações, de imagens, de pensamento, fazendo aparecer a realidade como um reverso em negativo do qual elas serão o local. Elas realçam cada movimento do desejo com uma marca que o fixa e altera sua situação. Ligando diversos momentos de nossa vida, de dia como de noite, elas conferem um rosto a nosso prazer. A atividade fantasmática não é essa fixação fora da fala de uma imagem? Torná-la inteiramente dizível seria admitir que se está preso no tempo... Falar de um sonho é fazê-lo existir, sem o que ele não pode entrar verdadeiramente em diálogo consigo nem despender sua inteligência, enquanto desvelar uma fantasia é colocar em perigo o frágil edifício de "imagem cristalizada" e, portanto, de tempo cristalizado sobre o qual ela repousa.

A fantasia e as fantasias

É possível que as fantasias não sejam "a" fantasia. A fantasia seria uma figura secreta que jamais aparece como tal, um tipo de equação matemática tão pessoal quanto a cor dos olhos. Ela constrói-se ao primeiro contato com o mundo? Vem de mais longe? A fantasia não é somente uma figura amável ou angustiante do desejo. Certamente ela constrói no imaginário casas fechadas que visitará de tempos em tempos, desenha a seu bel-prazer tangentes e arabescos, em resumo, inventa *fantasias*. Mas é em sua fixidez siderante, "medusante", em sua obsessiva e repetitiva ocorrência que ela cristaliza, em nós, seu poder.

O sonho é o primeiro revelador de nossas fantasias, mesmo que não seja o único, mas não pode sozinho trazer à luz a fantasia. Ele abre o acesso à cripta, onde são encontrados fantasmas e espectros que estão no nascimento mesmo da palavra *phantasma*. Se o inominável e a crueldade que o atravessa podem encontrar refúgio em nossos sonhos, "a" fantasia está além do bem e do mal, ela percorre todas as suas figuras à maneira do texto sadiano, sem aí se fixar. Ela dispõe também as mais extraordinárias e luminosas invenções e dá matéria à criação e às formas de sublimação das quais é terra secreta.

As fantasias são a câmara de eco "da" fantasia, que seria preciso escrever com uma inicial maiúscula, se não corrêssemos o risco, então, de a divinizar. A fantasia não é imaginada por nós, é ela que se constrói, talvez no comecinho de nossa relação com a linguagem, nas fendas da sonoridade, da voz, do sopro. Ali onde alguma coisa surge continuamente — no encontro com o real. Não nos refazemos da surpresa de estar no mundo... A fantasia impõe em nós seu valor de trunfo, isto é, o que ela troca, o que ela aumenta ao contato de uma pele, de um olhar, de um dom que ela aumenta de um possível desbordando por toda parte o real, mas sem aí percutir.

A fantasia é espectral: ela vem de outro mundo. Constrói-se com nosso nascimento e talvez mesmo antes. Agencia-se quando dos primeiros encontros de nosso ser desejante com o mundo materno; desenvolve-se nos interstícios da falta, da frustração, da espera, nos meandros do sonho, do primeiro toque, das primeiras sensações, das primeiras visões — quaisquer experiências que elaborem uma equação com diversas variantes cujos elementos encontram-se (os algarismos, poderíamos dizer) tais quais um anagrama em todas as nossas fantasias. "A" fantasia, à diferença das fantasias, não é alguma coisa que podemos dobrar à nossa vontade, ela virá, ao contrário, a imiscuir-se em nossos jogos mais secretos, subverter sua textura, sua identidade, e prejudicará nossas defesas. Ela colocará fora de alcance o que precisamente nós quereríamos submeter. A fantasia apaga-se ali onde ela deveria aparecer, conceder-nos sua luz. Ela não se importa com o sujeito, ela é a inteligência de uma relação, uma equação mudada em corpo. Ela remete-nos à fixidez de nossos roteiros sistematicamente repetidos.

Nós gostaríamos de ter prazer de acordo com nossa vontade, sem compreender que seu refrão de ritornelo, como nos lembra Deleuze, não é mais que uma conjuração da morte. O eu, em sua busca de prazer, choca-se contra a fantasia que se faz de rogada. A fantasia acordou com o prazer um pacto que não passa pelo eu. Esse pacto questiona as identificações que nos acalmam e nos constroem. Os delírios dos psicóticos (aqueles ditos como tais) entregam-nos isso sem dissimulação. E são perseguidos pela verdade demasiada que aí está exposta, sem filtro. No paradigma lacaniano, diríamos que se trata da questão do gozo, além do prazer, em torno da qual a fantasia se fecha. Ela aproxima-se do gozo tanto mais quanto o perde, já que onde tem lugar o gozo não há mais fantasia nem distância. Mesmo na mais crua nudez, a fantasia pode sempre manter uma distância entre o real e o imaginário. À diferença do prazer que dança com a fantasia um *pas de deux* de coreografia precisa, o gozo não respeita nem pacto nem ordem.

À imagem de uma espiral que volta sem cessar sobre o mesmo eixo elevando-se, "a" fantasia organiza as representações pulsionais elaborando de maneira repetida, mas não de modo idêntico, fantasias. A riqueza dessa elaboração depende da sensibilidade do sujeito, da maneira pela qual este, em retorno, a nutre. Podemos ter fantasias medíocres, ou até mesmo sermos desprovidos delas. Resta que as pulsões fazem flambar as fantasias, obrigando-as a tornarem-se chama ou devastação, inventando para elas figuras, rituais perfeitamente enquadrados, repetições queridas. As pulsões afinam-se com as fantasias em um agenciamento cuja selvageria nunca está muito longe. Eu posso imaginar as mais cruéis das fantasias, elas ainda são imagens.

A fantasia não é de mesma natureza que o desejo, ela não é nem do corpo, nem da linguagem, nem da pulsão; ela permite à pulsão representar a si mesma, embora ela mesma seja irrepresentável. A partir do nascimento, as percepções da criança são envelopadas por uma significação ainda silenciosa, por um poder futuro de dizer o mundo. Mas nesse envelope verbal e sensorial, nesse primeiro *fort-da* de que ainda nenhum objeto se destaca, existem "brancos", espaços deixados vazios (melancolia da mãe, ausência do pai, segredos...) por onde o mundo vem à criança. Esse estupor diante da inadequação do mundo, certas crianças o sentem mais que outras. A poesia traduz esse *bewilderment*[1] que nunca cicatrizou, que nenhum

1. Em inglês no original: perplexidade, confusão, desorientação. [N.T.]

recalcamento corroeu, apagou. Nós estamos, aqui, nas regiões perigosas da metamorfose. O mundo da arte lembra-se do terror dessa primeira relação com o mundo — por onde se infiltrou. A emergência e a construção secreta da fantasia relacionam-se com aquele encontro. E somente ele, antes de qualquer possibilidade de erotização dos corpos. Essa matemática (o que Lacan nomeava "o matema") mantém secreto o enigma de seu número ao longo de toda nossa vida desejante.

Duplo

A fantasia é o duplo imaginário do corpo desejante, como o sonho o é de nosso estar no mundo. Em fantasia, o corpo torna-se outro. Ao corpo "natural" superpõe-se um corpo imaginado, pressentido, olhado — um corpo de desejo — e seu território carnal modifica-se segundo o alcance dessa marca primitiva. Desde sua concepção, ele terá recebido do Outro uma destinação (pensamentos, desejo ou rejeição, violência, acolhimento); no mínimo, ele terá sido imaginado. Os significantes que o terão marcado, as falas que terá recebido, as esperas que ele terá feito nascer, as decepções que terá suscitado e até sua própria aparência farão a substância daquilo que o construirá, um dia, como corpo amoroso. Barthes evoca-o em *Fragmentos de um discurso amoroso*, Lacan no Seminário VII *O Banquete*, para pegar somente esses dois textos emblemáticos da relação de uma época com o desejo. Ambos tentaram compreender o corpo em sua relação com o desejo do Outro, isto é, ofertado a uma lei que o revela enquanto o despossui.

Como o corpo amoroso pode se separar do corpo de recém-nascido, dos primeiros cuidados dados, signos de amor, sonoridades, ritmos que em parte o constituíram? Se o corpo desejado é apreensível no espaço reverberado da fantasia, será porque ele nos faz voltar a esse primeiro tempo da vida que esquecemos? O que acontece quando a escritura, a música, o devaneio, o erotismo se apoderam dele? Quando o pensamento o faz seu? É o espaço do corpo atravessado pela transgressão, entre pulsão de vida e pulsão de morte, entre realidade e prazer, entre lealdade e crueldade, que a fantasia libera quando ela pode se transmutar em obra.

Essa relação originária com o mundo, cuja fantasia é o nome, é preservada pela mãe; uma mãe que, antes de ser pessoal, é ao mesmo tempo dada em totalidade e em fragmentos. Esse mundo, na sequência, poderá ser a textura amada de uma pele, um perfume, um raio de sol que dança sobre o piso, um tornozelo que avança, a reflexão de uma sombra, um olhar, o céu dentro de uma poça de água, um número, um presságio, um silêncio que dá medo. Tudo pode ter uma importância exagerada no começo da existência — depois, em geral, se esquece. É em uma certa solidão que se reencontra, por vezes, essa "primitividade" (diria Kierkegaard) do real. Aquela mesma que não cessamos de enterrar depois em uma certa forma de ausência a si mesmo, de renegar, de afogar (álcool, drogas, medicamentos) e que talvez nós somente reencontremos ao sermos percutidos por outros sismos humanos (acidentes, amores, lutos), quando o real lhe perfura a pele. Então, reabrem-se, como em uma experiência artística autêntica, com o perigo que isso implica, abismos insuspeitos.

A fantasia é a matriz através da qual a crueldade, a violência, o terror, mas também o maravilhamento, o êxtase, a sideração encontrarão imagens, palavras para se representarem, e que construirá para esse fim *fantasias*. As imagens são sua face visível, elas fazem uma reserva de sensações disponíveis; elas recobrem essa experiência primeira, informulável, de roteiros que, misturando-se entre eles, vão infundir em nossa língua futura, nosso imaginário e nosso erotismo.

Se a fantasia é um substrato de uma experiência fundante de nossa relação com o mundo, podemos questionar o fato de a sexualidade ser sua única fonte. Se as fantasias tomam emprestada tão frequentemente sua cenografia à ideia de transgressão sexual, será porque o sexo permanece o lugar último do mistério mesmo, ou porque o interdito pegou as cores do eros em nossas civilizações cristãs há dois milênios? Aquela história não nos cegou sobre a predominância absoluta do sexual como armadura para as fantasias? Se a fantasia é o que permite a tradução sempre múltipla e pululante de imagens que remetem a um interdito de representação, o sexual é talvez sua forma atual e passada, mas não necessariamente futura. A liberação sexual deu, quarenta anos mais tarde, para nossa época, uma tonalidade bem pobre em liberdade erótica (mas não somente erótica...), uma uniformização dos sexos que tende ao "*no gender*" de uma população com códigos vestimentários e condutas estereotipadas. Quem poderia nos fazer crer que a pornografia disseminada das imagens conduz a um erotismo mais sensível, excitante, elaborado? As pulsões veiculadas por nossas fantasias conhecendo atualmente uma espécie de passe livre inédito: imediatez do resgate do desejo, ativação dos laços instantâneos, passagens ao ato tanto mais fáceis quanto são tecnologicamente geridas... elas não têm outro potencial de criação senão o espaço que lhes é dado nessa interação renovada entre uma interioridade selvagem, violenta, potente e um real lhe fazendo frente com toda a força de sua naturalidade.

As fantasias são nossa linha de fuga perpétua. Elas permitem-nos escapar do outro ao fazer um retorno em direção a nós. Entre o sujeito/objeto de nosso desejo (imaginado, aguardado, esperado, temido) e nós mesmos traçam uma linha de horizonte sempre móvel. Quando a pulsão escópica se apodera do objeto, o que há de mais eficaz? O olhar coloca à distância o objeto do desejo, que se situa sempre em outro lugar. Ele retira-se em linhas de força, o desejo nos consola de seu relançamento, projeta em nossa espera um valor definitivo. Se por descuido a fantasia abaixa sua espada e deixa-nos em presença do objeto do desejo, é contra nós mesmos que será preciso parar o golpe. Como não nos culparmos por tudo o que não foi vivido à luz de nosso imaginário, nessa catástrofe dormente que foi o não realizado? Que consolo nos protegerá da decepção do real? É preciso muita sabedoria, o que ele, o sonho, tem, para aprovar o que é. A ética leibniziana não está ao alcance de todos.

A fantasia protege-nos da aspereza do real tão seguramente quanto a espada que separa Tristão e Isolda, ela concede a esperança e a decepção como tantos estados de um mergulho em apneia do qual nós sabemos que retornaremos modificados — mas até que ponto? O ponto de fuga que ela protege coloca em jogo nosso desejo. Como imaginá-lo? O que ela faz quando colore nossa realidade não para depreciá-la, mas para celebrá-la? Reduzir a fantasia à sua função de álibi perpétuo é obliterar sua capacidade de acentuar cada momento vivido, mas também cada momento perdido.

A fantasia é convidada a aparecer pelo corpo amoroso. Ela infunde no corpo amoroso uma intensidade de vida que nem a droga nem a obra de arte podem substituir, somente aproximar. Fora o canto, talvez... Trata-se de um corpo que reencontra o mundo nele, e uma capacidade perceptiva tão poderosa, que ele mesmo se metamorfoseia no imaginário. Essa capacidade perceptiva é provavelmente a princípio sensorial. São os sentidos que estendem sua própria inteligência. Esse corpo inteiramente vivo é literalmente ressuscitado, isto é, tão presente ao real quanto a ele mesmo. Ele torna-se o centro e o motor de uma transmutação constante, que faz combustão de todo pensamento. Mas a intensificação sofre ao risco da despersonalização. É o que faz seu perigo. Há traumas trágicos como há traumas de alegria. Certas infâncias, por demais radiosas, não permitem ao sujeito, que se lembra de uma intensidade de vida sem igual, se restabelecer, desmamar. Assim é com o corpo amoroso, o trauma que ele experimenta é também uma radical despossessão, não de sua alma nem de seu ser, ao contrário, ele se encontra aí reunido em seu ponto de incandescência, mas sim de seu corpo anterior, que lhe parece ter estado semimorto. O corpo amoroso, tão intensamente presente, é defasado, deslocado em um espaço não reconhecido: os gestos, as áreas de reconhecimento são os mesmos e, entretanto, tudo mudou. É como se uma gramática nova tivesse tomado conta da língua familiar do corpo. O metabolismo que o permite nos permanece secreto. A fantasia é seu veículo, sua proteção e sua perda. Seu duplo mudo.

As fantasias seriam aqui somente um processo de falsificação visando proteger o indivíduo dos ataques do real ("o real é aquilo que bate", Lacan) e, ao mesmo tempo, do aparelho pulsional? Como imaginar que elas somente operam colocando a ilusão no lugar da verdade? A questão da intensidade é crucial, pois ela não se constrange com nenhuma ética. O que aí se inscreve com ferro em brasa como uma impressão inapagável é um trajeto de intensidade, pouco importa que ele nos tenha machucado ou ofuscado, posto por terra ou elevado — do ponto de vista somente da "potência", ele aconteceu —, e isso é tudo. E é disso que a "pulsão de morte", nomeada por Freud, gostaria de nos proteger. Proteger-nos sob o risco de vivermos sepultados.

Face ao poder da fantasia, há a liberdade do sonho. Como não cair indefinidamente fora de um éden que nós todos sabemos transitório? Se houver um segredo da fantasia, ele imprimirá sua marca indelével sobre o corpo amoroso. E, para atingi-lo, invocaremos intercessores.

III

A inteligência criadora

O gênio poético não é o dom verbal [...] é a divinação das ruínas secretamente esperadas, a fim de que tantas coisas fixadas se desfaçam, se percam, comuniquem. Nada é mais raro.

G. Bataille, em *L'Expérience intérieure* [A experiência interior], 1943, p. 229.

A inspiração

De onde vem a inspiração? Ela é da mesma natureza que o sonho? Vem do mesmo lugar?

Pensada desde a Antiguidade grega, encenada nos mistérios órficos, descrita nos relatos bíblicos, protegida pelas civilizações ditas primitivas, a inspiração foi durante muito tempo percebida como uma fonte de inteligibilidade do mundo. Vinda de mais longe que ele, mas canalizada por um sujeito, ela teria parte ligada com a presença do divino, o espírito da natureza ou — mais perto de nós — do real, para retomar um termo caro a Lacan, que, em seus escritos, o emprega em um sentido que a teologia negativa não renegaria.

Se o niilismo pós-moderno não reconhece instância intermediária entre o mundo sagrado e o mundo profano, a fonte de inspiração do poeta ou do pensador (essa instância que Sócrates chama de seu *daemon*) permanece um enigma igual ao sonho. Nós não terminamos com essa questão, mesmo quando é recusada toda sua ressonância platoniana. Que a inspiração se encontre muito longe do desejo do sujeito desconstruído e suas fragmentações ético-políticas, que ela seja estrangeira também à sacralização/banalização do sexual tal como a psicanálise tinha identificado, isso torna mais que nunca sua história inédita. Os surrealistas tentaram fixar sua aparição, notadamente na escrita automática, mas em vão — como se ela se recusasse a que lhe fosse atribuído um *modus operandi*. À diferença do sonho, no momento propício ela apodera-se do sujeito que a busca e está pronto para acolhê-la. Ela parece ser um visitante caprichoso que escolhe seus anfitriões e deixa de lado outros, qualquer que seja seu mérito. O estado de vigília quase sonambúlico do sujeito, "presa" da inspiração, não é a ausência para si paradoxal que o sonho preserva, mas os modos de aparição das imagens, sua emergência, suas conexões, a metaforização do pensamento em palavras e em sequências que ela dispensa — musicais, picturais ou escritas —, parece juntar-se o mais perto possível.

A questão que nos coloca a inspiração é, como para o sonho, a da intercessão. Se o roteiro mantido do sonho revela nossos abismos singulares, a inspiração seria sua vertente diurna, exposta. Sob a figura do gênio poético notadamente, em inteligência, como ele, com o real. Não é ela o nome que nós nos demos para o que nos atravessa e nos convoca a responder por um ato ou uma implementação — com a transgressão que isso implica de um espaço-tempo transtornado? A forma encontrada pela inspiração para encarnar é metabolizada por um sujeito que, desta vez, não é um sonhador. A inspiração intercede aqui em favor não do desejo secreto de um sujeito enquanto anfitrião dos enigmas do sonho, mas da percepção alargada do mundo. Somente quem a chama e trabalha para sua vinda a favorece.

Intercessores: gênios, *daemon* e anjos

Como se pode escrever uma palavra como anjo? *Essa palavra se merece, há nela alguma coisa de inquietante.*
George Oppen

O sonho é o primeiro intercessor. Ele faz passagem entre o mundo interior e aquilo a que nossa razão pode aquiescer. Do ser em sono, ele recolhe imagens oníricas que poderão se fixar na memória e depois, em um relato, deixando-nos a tarefa de extrair daí uma versão estranha ou aterrorizante. O sonho, nesse sentido, atravessa os começos. Toda história que se inaugura — de amor, de guerra, de nascimento — é acompanhada, provavelmente, de um sonho. Todo acontecimento que se anuncia é portador de sonho. Portanto, de narrativa possível e de partilha. A essa inteligência do sonho, demos autoridade e sentido, e daí nasceram outras figuras de intercessão para nos permitirem dizer o mundo.

Foi nossa capacidade de sonhar que tornou necessário o fato de dar forma a aparições que não seriam mais somente fantasias ou fantasmas. Essas aparições foram consideradas por nós como enviados ou mensageiros. Anjos, gênios ou *daemon* estabelecem limite entre o mundo dado e o mundo por vir: notícia, acontecimento, catástrofe, revolução. A humanidade deu a si própria esses mensageiros para tomar em mãos sua relação com a vida naquilo que ela tem de inacreditável ou impensável. Tudo se passa como se, face ao acontecimento obscuramente pressentido, uma palavra anunciadora devesse nos chegar de mais alto para poder ser ouvida.

A expressão de Rilke "todo anjo é terrível", que abre a segunda elegia de Duíno, testemunha a experiência de um acontecimento decisivo na medida em que ele sempre excede nossa capacidade de pensá-lo. Graças a essas figuras de intercessão, a serem também sempre pensadas como "potências", temos acesso a uma palavra à qual conferimos uma autoridade por nos assistir neste face a face com o tempo que vem. E isso é "terrível", isto é, "maravilhoso" no sentido em que a Idade Média entende. "Na história bíblica", escreve Bossuet[1], "os anjos guiam, acompanham, lutam, flamejam, revelam as boas estradas, libertam. [...] Anjos do impossível, mestres do infinito paradoxo como Uriel no *Quarto livro de Esdras*: 'Ele diz-me: Vai, pesa-me o peso do fogo, ou mede-me a medida do vento

1. Bossuet, *Sermon sur les Anges Gardiens,* Paris, Rivages, 2005.

ou faz-me voltar o dia que passou.'" O peso do fogo é mesmo a medida do desejo. E talvez, em certo momento muito sombrio e por vir da história, essas figuras se tornem mudas, sem fala possível face ao acontecimento, ou haverá sonhos sem relato possível, mas que representarão ainda assim o próprio fato do humano, de um espaço simbólico que nada pode abordar.

Se os sonhos são *envios*, segundo o belo uso que faz dessa palavra Derrida, eles são até mesmo, mais exatamente ainda, enviados, e nisso acham em se exteriorizar nas figuras dos gênios dos contos populares, dos anjos do Antigo Testamento, do *daemon* grego invocado por Sócrates ou ainda dos espíritos convidados às cerimônias xamânicas.

O que é um gênio? Uma sorte de divindade, um ser sobrenatural ou alegórico. A palavra vem do latim *genius* ("demônio tutelar que preside à concepção, portanto ao destino de um homem, gênio"), ela mesma oriunda do grego antigo γεννάν, "gerar, formar", que deu origem a *genitor, geração, gênese, genital, progenitura, gente, gene, gênio*. Refere-se também a um espírito ou demônio que preside a certos lugares, declina-se em numerosos personagens fantásticos encontrados nas tradições populares e nos contos de fadas. Fala-se também de uma entidade mágica boa ou má tendo uma influência sobre o destino dos seres e, por extensão, de uma qualidade dos espíritos superiores que os torna capazes de criar, inventar, empreender coisas extraordinárias.

Na mitologia antiga, o gênio é um ser divino com uma função de guia e de protetor, imanente a cada indivíduo, cujo ser espiritual ele simboliza, e ao destino do qual ele preside. O gênio de Sócrates foi seu *daemon*. Ele figura, segundo a doutrina platoniana, a inspiração estelar que lembra ao pensador o espaço de uma verdade que precisou abandonar ao nascer. É também o espírito trágico que na *mania* apodera-se de um espírito para o perturbar ou extraviar; seu estatuto oscila entre o estelar e o demoníaco. Ele é o enviado que força a razão quando a fulgurância da intuição dela se apropria.

Como o sonho, o anjo é uma figura de intercessão (do latim *intercedere*, passar entre, através...), um vindo das alturas, o outro, das profundezas. A palavra latina *angelus* é emprestada do grego antigo ογγ λος, *ággelos*, "mensageiro". Evangelizar será anunciar a boa nova. Na *Septante*, a palavra *anjo* serve para traduzir o hebraico מלאך, *maleakh*: emissários enviados por um rei. E por extensão: missão, tarefa a cumprir. Criatura espiritual representada sob figura humana com asas, o anjo designa ora um enviado celeste, ora um puro espírito intermediário entre Deus e os homens. Ele é um passador, como o são os crânios da pequena capela dos penitentes de Nápoles aos quais cada um dirige sua prece. A tradição hebraica quer que a *ruah*, o sopro divino, ou, para os gregos, o *pneuma*, insufle ao ser humano sua relação com o espírito. É em sonho que o anjo aparece mais frequentemente nos relatos bíblicos e, como ele, sua mensagem deve ser interpretada. Ele interpõe entre o homem e seu destino uma palavra salvadora ou conjuratória. Cabe ao sujeito, depois, vivê-la.

A que distância um anjo se mantém? Quisemos que o anjo nos aparecesse, já que Deus, dizem, não responde. Esse silêncio de Deus assombra o mundo, os mortos e os vivos. Por que morremos assim?, gritam os desaparecidos. Por que vivemos tão pouco?, queixam-se os vivos. Desde a paisagem desenhada por esse silêncio, os intercessores encontram-se sozinhos conosco.

A filosofia, ao menos desde Nietzsche, não somente colocou o horizonte da morte de Deus, mas também atribuiu um fim ao próprio homem. Não é mais possível se mover no espaço hermenêutico do religioso reinante durante séculos de cristianismo, nem mesmo provavelmente no do humanismo. Entretanto, essas figuras simbólicas de intercessão persistem, e não unicamente nos manuais de adivinhação ou nas iniciações xamânicas. Elas parecem continuar a tomar para si a questão da linguagem e do inteligível, isto é, daquilo que, sem elas, deixaria o sujeito sozinho na sua loucura interpretativa, trancado em um mundo sem eco onde ele não poderia mais ouvir, desde a outra borda, sua própria fala.

Não se acredita nem nos gênios nem nos anjos, mas se fala com eles, isto é, fala-se consigo como se dentro de si outro alguém velasse. A transcendência íntima do sonho, esse duplo de si que a oração convoca, que a solidão da voz interior ativa, que o escritor interpela, que a insubmissão reconhece como único mestre, é uma das figuras do gênio. Em sua própria extravagância, ele representa o outro rosto do sonho, ele tem sua liberdade, mas também a enigmática linguagem. Ele vem a nós durante a noite, ou ao menos do lado do real onde menos o esperamos. Ele é esse "outro" que se mantém na fronteira dos discursos.

Tanto pela voz do gênio ou do anjo, como pela via do sonho, o sujeito dirige-se a ele mesmo como a partir de uma órbita longínqua. Ele está então "inspirado". Essas vozes mediadoras, que são de todas as civilizações, drenaram com elas as representações tanto divinas quanto infernais (o anjo caído) ou do abjeto (o tentador), elas confundiram-se por vezes com a pura potência do neutro, mas jamais desapareceram. Talvez porque, em tempos de aflição, nós precisemos que alguém nos responda... Aquela que emprestamos aos augúrios já está nos sonhos, em sua inteligência radical.

O gênio tem em comum com o sonho manter-nos em vida. Ambos permitem à razão oficiar. Eles nos autorizam a não nos tornarmos loucos: de amor, de desgosto, de vontade de assassinato, de sexo, de ciúmes, de silêncio, de ignorância. Adormecem a fúria passional, essa mitologia que arma nossas percepções, e abrem para nossas pulsões o teatro de uma representação possível. São o lado de fora de nossas noites secretas, habitam o espaço do não cumprido e do desejo, são o braço armado de combates que nos engajam a manter. Anunciadores, estão nos postos avançados de uma clarividência que não queremos fazer nossa.

Do mau ao bom gênio, do devaneio ao pesadelo, ou da Visão mística ao pequeno sonho de vontade, se quereria crer que haveria graus na sabedoria. Nós poderíamos, sim, progredir de sonho em sonho como de visão em visão, à escuta daquilo que esquecemos de ouvir, ainda menos de fazer nosso, uma inteligência que informa o real. Contrariamente ao fantasma que opõe ao real a capacidade infinita de resistência do imaginário, a inspiração do gênio atinge-nos para além das trincheiras da censura e da razão. Nos contos, o gênio pergunta ao sujeito: "*que voï?*", que queres tu? É com essa única condição que ele oferece ao sujeito seus tesouros. O gênio chama à metamorfose. Ele faz do sapateiro um príncipe, do mendigo um rei. Concede àquele que pede a realização de seu desejo. Mas ainda é preciso ter muita apreciação a seu desejo para experimentar sua potência de desvio da fatalidade. Ele é aquele a quem pedimos para falar por nós, para deslocar a palavra entre nós. Como o sonho, ele vem anunciar a realização daquilo que gostaríamos de dizer, mas não sabemos viver.

Apagamentos

O enviado tem em comum com o sonho encarnar no instante e *apagar-se*. E, como ele, ser um enigma que deve ser decifrado. Será a maneira pela qual registramos nosso desconhecimento de nós mesmos enquanto seres falantes? Atestam sobre isso nossas práticas dos álibis, dos pretextos e das desculpas. Como se precisássemos dar autoridade a outrem sobre nosso próprio desejo para poder ser de nós mesmos.

Igualmente em análise, quando por seu silêncio e sua atenção, o analista, unicamente por sua escuta, faz com que quem fala ouça a si mesmo... Mas o preço desse retorno sobre si mesmo por outrem, como outrem, não é sua evanescência? Seu essencial e sempre possível apagamento, até mesmo esquecimento. Daí a fugacidade de sua impressão. O que aí apareceu não deve se inscrever, mas simplesmente transitar — metaforizar-se, dizer-se e ser perdido.

O apagamento é também próprio dos gênios e dos anjos que, uma vez aparecidos, não se fixam. Nem no desejo, nem no temor. Quem são essas figuras heráldicas de nossos sonhos? Como não considerar quiméricas essas figuras criadas por nós como vindas "do alto" e dirigindo-se a nós desde a radicalidade desse outro lugar? Demos autoridade a essas aparições como se elas tivessem poder sobre nós durante séculos, antes de recusá-las como resíduos de crenças populares ou de crenças passadas. E, com efeito, como apagar séculos de bagatelas, de angelismo perverso (quando procuramos por "anjo" no Google, são sites de pedofilia mal mascarados que se propõem — versão distorcida do corpo infantil dado em alimento com sua "inocência" à guisa de asa), ou de New Age insípido que fez da figura do gênio uma simples locução empregada inconsequentemente, como se tudo fosse "genial"? Mas, se consideramos que essas figuras de enviados são advindas do humano em sua relação mais íntima com a fala (e não com a crença), a perspectiva modifica-se. Porque enquanto seres sonhantes precisamos delegar a outras figuras simbólicas potentes uma relação conosco mesmos que, caso contrário, encerrar-se-ia sobre si em loucura ou devastação. É a única violência que nos espreita quando não há mais alteridade para figurar o mistério daquilo que nos separa de nós mesmos.

Anunciações

Tomemos os rostos emblemáticos de anunciação: o anjo Gabriel é mostrado na maioria dos quadros do Quattrocento do outro lado de uma barreira que o separa ao mesmo tempo de Maria e de uma floresta ou cidade imaginária — de um horizonte outro. Ele mantém-se *no limite*, fletido na espera, como se fosse ele que escutasse e viesse a recolher alguma coisa muito preciosa. Não se saberá jamais o que cochicham os anjos de Fra Angelico nas celas do convento São Marcos, em Florença. A anunciação põe em cena um anjo, uma virgem e um jardim. Uma cerca os separa, tão bela quanto a luz que os impregna. O mundo lá fora começa atrás das paliçadas, das colunas, do solo azulejado, das sombras. O olhar que retém o mensageiro em Maria fecha as bordas do espaço sobre eles. É uma visitação que se está convidado a olhar, sem poder aproximar o interior desse círculo. O anjo aqui é aquele que porta a palavra que Maria não pode dizer sobre ela mesma. A humanidade necessita de figuras de intercessão para que o sujeito possa significar uma fala ou um acontecimento singular como não vindo somente dele. Um enviado pede raramente o que quer que seja para si próprio, ele é antes o depositário de uma palavra que nós teríamos, desde sempre, esquecido. O que faz dele uma figura próxima da melancolia.

O anjo é uma relação com o pensamento que não se pensa, ele convida-se, assim como faz o sonho. Encontramo-nos então muito silenciosos, não sabendo mais qual é nosso desejo. A resistência à vida mais elevada, mais forte, mais intensa não estava, portanto, na realidade, mas em nós... Ficamos assustados por devermos nos debruçar de repente sobre este abismo próximo, esta modificação íntima e que está por vir.

No livro Gênese, "o anjo de Yahvé" aparece no capítulo 22, versículo 11, para reter a mão de Abraão que se apronta para cumprir o sacrifício. O anjo aqui revela um possível mal-entendido. Abraão ouve Deus dizer-lhe para ir sacrificar seu filho, mas o que ele entendeu? Ora, o anjo aparece precisamente para parar a palavra que Abraão acreditou ouvir. O que está posto à prova? O que ouvimos nós do desejo do Outro — de nosso próprio desejo na voz do outro? O anjo suspende o destino em seu negócio de morte. Ele intercede em direção ao inaudito, ele dá lugar ao inesperado. Ele faz de maneira que haja um espaço de troca, de substituição possível (de falas, filho/cordeiro...) para que haja vida.

O enviado é também um adversário. Ele faz efração na espécie de ausência que nos envolve. A ausência para si, a cegueira, a ausência para o mundo. O anjo vem secundar o personagem quando ele enfrenta uma prova sozinho. Ele vem a nós como se o descobríssemos no instante mesmo da anunciação: esse pedaço de presença pura que nos é dado sem que tenhamos tal visão. Não sabemos ver. Fazemos de conta, lembramo-nos, e o que vemos superpõe-se àquilo que vimos ou *acreditamos ter visto*. A memória coloca seu filtro perpétuo sobre toda coisa percebida: palavras, imagens, coisas, seres. O prisma de nossas experiências passadas traz-nos de volta constantemente a nossas fidelidades, nossas obrigações, nossos pesares, à guisa de advertência a qualquer medo futuro. É essa memória sem lado de fora que o enviado vem romper, fazendo-se mensageiro de uma “nova/notícia” cuja catástrofe — o que ela vem inaugurar de absolutamente novo — seria a derrota dos mundos antigos.

O que se diz do anjo? Que ele é imaterial, contudo que sua virtualidade não é aquela das telas, das ideias, dos reflexos. Que ele é anunciador. Que não está nem vivo nem morto, que pertence ao reino da idealidade. Que ele é por vezes (nem sempre) um emblema da proteção, debruçado sobre nossas tristezas, nossas impossíveis confissões. Que ele tem com a luz uma afinidade de natureza. Que é um ser cujo sexo não se conhece. (Foi discutida a questão do sexo dos anjos até o furor teológico, mas nenhum anjo foi pego em flagrante delito de adultério. São eles de sexo neutro? Seriam a versão próxima do ser humano geneticamente modificado? Sabe-se somente o que é um homem ou uma mulher se considerada a diferença de sua anatomia?). Diz-se também que aquilo que o subtrai a nossos olhos abre-lhe o espaço de uma clarividência temível. É enfim evocada uma hierarquia dos anjos em que o anjo da guarda seria a função subalterna, despachada em direção aos humanos em épocas tardias de aflição.

O anjo é, em nós, esta sensibilidade que não se habitua a nada, eis por que os loucos e as crianças reconhecem sua aparição. Pura vibração silenciosa, que é ainda uma maneira intraduzível de experimentar o mundo.

O gênio é uma figura mais inquietante que aquela do Anjo. Os gênios dos contos não tiveram a mesma sorte que os "anjos" de misericórdia na literatura tanto profana quanto sagrada. Figuras da inspiração mágica, nunca se está bem certo de seu bem-querer. Em um segundo eles podem precipitar o herói nas piores situações. Os gênios têm uma potência temível que faz deles tanto adversários quanto aliados estelares dos homens. Enviados, eles o são por vezes para salvar magicamente o herói de uma situação que veria sua morte certa. Mas há um preço para sua intervenção. "Peça", dizem eles ao herói, criança ou não, em direção a quem eles curvam sua potência. Ora, não é fácil pedir... Pedir supõe que se conheça seu desejo. O gênio somente nos outorga seu poder nessa condição. Medir-se ao espírito supõe uma retidão interior que não é óbvia. Trata-se, assim como frente a um sonho, de entrar em um combate cuja saída é nossa própria conversão.

O gênio é ainda mais uma figura de inspiração do que de proteção ou de amor. Ele é aquele cujo criador tem esperança da visitação, sem a aguardar. Ele é o rosto daquilo que, na relação com suas obras, lhe vem da borda mais longínqua de sua história, de seu passado, de tudo aquilo que ele conhece muito bem. Ele é aquilo que se dá por vezes ao termo de um trabalho exorbitante, por vezes como uma graça, em um instante.

A invenção do anjo da guarda é teologicamente tardia. O anjo da guarda, não mais que o gênio bom, não guarda ninguém, assim como o sonho não protege o sonhador, senão da loucura. Ou antes, aquilo que ele guarda em nós não nos parece digno de ser guardado, nós quereríamos que ele nos protegesse ali onde se trata de conquistar uma frágil liberdade, que ele nos retivesse ali onde a sensibilidade nos deixa esfolados vivos. Gostaríamos que ele nos desse esperança e nos seguisse passo a passo, quando não há mais consolação possível. O regime da compaixão não é o deles. Pelo contrário, é necessário poder receber essa fala que o ser humano dirige a si mesmo, em uma frontalidade obsedante, perigosa. Ele é nosso chamado à revolução íntima, à secreta reviravolta do ser. É a alma que se reorienta, assim como o lembra Platão.

O que nós chamamos "gênio" ou "anjo" não tem outro recurso senão o de recorrer a nosso voto mais caro. Mas qual é esse voto? É também o que o sonho designa e que nos é tão difícil, no enigma que ele nos propõe, vislumbrar.

Falou-se em anjos da guarda, inventou-se essa figura tardia para designar o que em nós quereria ser protegido da solidão, do abandono, de toda forma de desamparo, para designar aquilo que favorece inexplicavelmente, aquilo que frustra a fatalidade.

Os inspirados

Pensa no caráter enigmático do sonho. Igual enigma não tem necessariamente chave. Ele nos intriga. É como se nós nos encontrássemos face a um rébus. Por que o sonho seria mais misterioso que a mesa? Por que ambos não seriam tão misteriosos um quanto o outro?

L. Wittgenstein

Quando Wittgenstein lê Tolstói, de repente aparece-lhe um caminho possível fora do arbitrário dos signos, e a necessidade místico-ética de calar o essencial. Essa leitura aparece *a posteriori* como uma verdadeira reviravolta que lhe fará mudar sua vida e a exploração filosófica que ele tinha levado até então. E seu isolamento voluntário será largamente incompreendido. Wittgenstein foi "visitado"? Seu gênio criador, que aparece no *Tractatus*, ficou quase inaudível a seus contemporâneos, aí inclusos os maiores lógicos, como Frege ou seu amigo Russell. Ele deparou com aquilo que na língua não justifica nada, atacando a metafísica como uma árvore sem raízes que só se segura por sua ramagem. Ainda estudante, Wittgenstein havia interpelado Russell e seu rinoceronte em uma sala de aula em Cambridge. Ele conquistara uma amizade filosófica e a estima de muitos. Mas houve a guerra, o aprisionamento na Rússia, lá mesmo onde Dostoiévski tinha sido detido — em condições assustadoras das quais poucos voltaram. As ambiguidades da família durante a guerra, dois irmãos mortos no campo de batalha, outro — o pianista — amputado. Que anjo armado de qual gládio pôde mantê-lo vivo no meio das violências, dos enforcados e dos desertores fuzilados? Wittgenstein escreveu o *Tractatus* sobre seus joelhos, nas trincheiras. O mundo antigo de Viena desmoronava no crepúsculo de um século enterrado sob os mortos. Quem velou pela vida do soldado Wittgenstein que trazia já a morte de seus irmãos em suas veias e o destino da filosofia contemporânea em suas insônias? Que inspiração pôde sobrepujar essa carnificina? Jamais se dirá suficientemente o quanto é preciso de coragem para velar irmãos mortos antes da idade... A dúvida que ele definitivamente lançou sobre nossos jogos de linguagem não oferece ao pensamento nenhuma assistência. Wittgenstein, no fim de sua vida, tornou-se quase um anônimo em um hospital de campanha. Depois de ter dirigido em Cambridge o seminário mais popular, o mais revolucionário que já existiu em filosofia pré-guerra. Nada se iguala à paciência de um jardim de asilo quanto o silêncio.

É o gênio criador a imagem mais aguçada da consciência de si — aquela com a qual, precisamente, nós temos tanta dificuldade em coincidir? Somos seres tão pouco conscientes, mesmo se nosso estranho sonambulismo inclui atos e pensamentos de uma inteligência temível. Agimos a maior parte do tempo segundo coordenadas que desenham uma trajetória invisível, mantidos por lealdades das quais ignoramos tudo, no orbe de inimizades ou de atrações pulsionais tão previsíveis quanto uma matemática, e isso é o que chamamos "estar no mundo"... Do mesmo modo, aquilo que penduramos em nosso coração, à guisa de insígnia da coragem, não é mais que uma pálida fabricação dos sentimentos. Foi preciso que Descartes chegasse até a meditar o ponto de dissolução da realidade em si, a fim de que, nele e para nós, seus leitores, surgisse algo parecido com a consciência desperta de um sujeito do mundo. O conhecimento é uma partida radical, não uma aquisição que seja gerida, é um estado de ser que requer uma "reorientação" tão violenta quanto subjetiva, tão decisiva quanto apaixonada, a serviço de um movimento do ser bem mais vasto que o eu. Disso a inspiração extrai, o mais perto do sonho, sua capacidade de nos oferecer um estado do mundo.

Cada um tem um gênio, dizia Sócrates, que dorme no interior de seu nome, de sua capacidade de ser. É esse *daemon*, como ele o pensava, a memória do inteligível em nós? Ou é preciso discernir sua voz na memória da história e das filiações, perdidas? Não é ele apenas uma voz de além-túmulo e de além vida, uma voz intimada por nós a dizer a verdade?

Debruçar-se sobre os últimos momentos de Sócrates, tais como foram reportados por Platão. O veredito de morte lembra-nos que o filósofo não pode viver na cidade sem ser acusado de "corromper a juventude" e executado se insistir. São hoje as proscrições menos brutais? Ele convida-nos a desprendermo-nos, constantemente, de toda *doxa*. O *daemon* talvez seja a voz de reconhecimento, em nós, desse desprendimento. Uma iluminação de viés. Nossa sede de verdade — Nietzsche tinha razão — é com muita frequência a vontade de que a morte simplesmente não mude nada.

O amigo de Nietzsche chama-se Peter Gast — fiel para além de tudo. Eles escreveram-se até a véspera do dia em que Nietzsche mergulhou na loucura. As vozes e alucinações estabelecem-se no lugar das falhas, ali onde um sujeito recepciona o mundo. Ali também onde a loucura vem como um socorro diante da lâmina afiada do real para uma sensibilidade viva demais, vasta demais. As vozes persecutórias, tão próximas da inspiração criadora, são uma visitação frequentemente mortal.

O pensamento demanda uma infinita paciência, é a condição paradoxal de sua fulgurância. A música tem outros modos de insistência. Nietzsche dedicava-lhe um respeito que não mais reservava a seus contemporâneos. É aí, talvez, que a inspiração está o mais perto possível do mistério.

Arthur Rubinstein nasceu em 1913 em Lódz. Ele é imaginado como violinista, mas se torna pianista. Primeiro concerto aos seis anos. Uma família marcada pelos *pogroms*. Reposicionar Chopin na filiação de Mozart. Ele restitui-lhe a dignidade, moderno em sua simplicidade, sua economia de meios em que todo efeito é inútil. Quanto tempo é preciso para tomar consciência de sua vida? Um instante, ou muito mais, infinitamente mais? Qual é o tempo de uma conversão? O pianista começa suas escalas. A música surge. A única saída ocorre aí, entre as palavras, as notas, a pontuação dos brancos e das cesuras. A respiração faz-se mais doce, retoma-se. O tocar das mãos sobre o teclado. A música como idioma infinito da sensibilidade. Uma versão da transcendência tão íntima como a linguagem do sonho.

Noite de Pascal. Ele coze sobre seu bolso a descrição de uma epifania como o relato de um sonho. O uso do mundo não é mais o mesmo, aconteceu algo que toma para si toda vida, passada e por vir. Nada pode igualar tal travessia, a liberdade experimentada é aqui sem limite. É a reviravolta do mais próximo em medida do infinito — caleidoscópio invertido pelo qual cada ponto do real faz cosmos. A proximidade de um deus é apenas necessária, foi o próprio acontecimento que virou a consciência em direção ao ilimitado.

Visitação e infância

Essa capacidade de ser visitado vem da infância? "Recalca-se a criança como se respira", escreve Freud. O que o sonho permite cava um abrigo muito cedo, no imaginário, onde virá desdobrar-se em seguida a inspiração? Ou será o acaso de uma perturbação íntima, os acidentes de uma história, a medida de um exílio, de uma relação com a língua, o que provoca a possibilidade de uma visitação?

Nós não nos recuperamos da infância, deslocamo-nos para a beira, voltamos para ela em pensamentos, em sonhos, em lembranças — toda nossa sensibilidade daí decorre, e a maneira pela qual o mundo encontrou sentido em nós. Existem alegrias selvagens, fulgurâncias, abandonos que nos conectam constantemente, sem que se saiba, à infância. Essa infância que guarda do sonho a fulgurância e se apaga, como ele, antes de ser lembrada em uma rememoração sempre fragmentária. A plenitude do tempo aí vivido, de uma vez por todas, não nos deixa jamais. Ao menos os criadores o sabem, que mantêm o estado ardente dessa idade em que tudo começa sem jamais terminar — a intensidade da mínima tarde de brincadeira ou mesmo de tédio. A sensação de que cada coisa conta, o desvio de uma sombra no calor de agosto, o rumor da cidade atrás das persianas na hora em que a noite vem.

"Tu serias... uma princesa, um cisne, um jaguar..." De onde uma criança imagina esse futuro do pretérito, e o tempo por vir e o estiramento da promessa? Do sonho. O sonho está onde o mundo retoma corpo e luz, nesse espaço que não se reabsorve, que é a própria promessa. Onde até mesmo o pesadelo é ainda um caminho possível fora da noite. Será preciso aprender, depois, que nem todas as promessas serão atendidas. Aprender a saber como não se resignar, aprender a forçar para fora da infância uma passagem onde ser decepcionado não seria tão grave. E como não ceder a este medo monstruoso que nos sufoca devagar em nossos laços. O gênio criador talvez seja uma resposta para essa decepção, juntar-se ao real pela via alta, isto é, transmutar seu acesso pela invenção de uma língua.

Encontrar seu gênio é um presságio pesado de carregar, a lâmpada que ele segura na mão faz sombras crescentes. Elas são o duplo obscuro da luz da inspiração. Como se fosse preciso para essa luz consumir muito de noite para poder clarear uma faixa de realidade. O encantamento que o momento de inspiração divulga mascara o tempo perdido, a ser experimentado pelo vazio, ou pela noite, ou pelo absurdo. É o que se chamou, em outros tempos, o *spleen*. No encantamento que perdura gostaríamos de ser como esses personagens de Duras que vão flanar na lagoa do delta do Ganges repleta de pássaros selvagens, tão perdidos quanto lúcidos. Gostaríamos de crer que tal mundo ainda existe. A inspiração vem na escrita inventar uma forma perfeita para o que há a ser dito. Sua luz parece ao escritor, ou ao pintor, vir de mais longe que ele próprio, desde os territórios de uma infância mantida intacta, e impor-se em uma ordem secreta à qual ele deve obedecer. Essa luz leva com ela obscuridades temíveis que são de certo modo a dívida que o poeta ou o criador deverá pagar por tal encantamento.

"Vem, abandona tudo e muda de vida". O enviado não é aquele cuja mensagem é uma ruptura e uma anunciação? Se ele vem do mesmo lugar que o sonho, não é que já porta nele a ruptura com o mundo de antes? Mas as vozes são por vezes vingadoras. Elas vêm afligir o sujeito, assombrar suas noites até impedir totalmente o sono, fazer ouvir as vozes dos mortos misturadas às dos vivos. E, por vezes, acuá-lo à morte. A inspiração criativa pode transformar-se em violência e não deixar nenhuma chance ao sonhador de lhe fazer hospitalidade, senão para aniquilá-lo em uma angústia intransponível.

Foram dados à vida material os meios de nos prejudicar, talvez de nos exterminar, quem sabe? Ainda precisamos pensar nas intuições de Heidegger. O apresamento do ser a uma lógica quantitativa já nos designa à exaustiva barganha dos corpos e das ideias. Mas o pensamento fundado sobre o pesar é um erro. Um erro nostálgico. O mundo que vem é o único que experimentamos. E enquanto os sonhos fluem em nós, bandas inteiras de nossa memória, de nossa presença para nós mesmos desmantelam-se. É possível que estejamos tão apressados para acabar com isso? O tempo do sonho é o único sobre o qual nenhuma potência tem captura, ele é uma reserva de liberdade perpétua, mas, ainda, a que preço? Nosso desconhecimento nativo de nosso passado faz de nós eternos retornantes ao local de um crime que não aconteceu, procurando recompor para si uma história que faça sentido e que poderíamos ao menos compartilhar. Um sonho, como também uma visão ou uma intuição, assombrar-nos-á, por vezes, durante dias. Se for então possível deixar a vida imiscuir-se em si, isto é, ir ao encontro desse *envio*, experimentá-lo, decifrá-lo, mensurá-lo, é provável que em tal momento a crisálida, que retinha nosso ser nos limites baixos de suas certezas, entreabra-se.

A contratempo

Em qual ocasião um gênio insufla um pouco de sua liberdade de espírito? Até onde um sonho pode modificar uma existência? A inspiração imaterial que ele figura dá forma à nossa espera, ou ele é uma simples cristalização de nossas crenças... Como discernir, para que apareça o momento justo? Toda precipitação é um erro; os gênios como os anjos estão sempre a contratempo. Estar em vigília não é uma vocação, mas um estado *de espírito*.

Essas figuras de intercessão presumem um singular "contra-tempo". No sentido próprio do termo, elas escapam a toda forma de temporalização conhecida. O gênio poético não se embaraça com nenhuma circunstância favorável, ele apodera-se do ser ao qual se dirige em um tempo que lhe é próprio e que pode também fraturar em duas a vida do sujeito. Do mesmo modo, os relatos em torno dos anjos não cessam de exprimir o inesperado com o qual eles são envoltos. Sua chegada intempestiva.

Esses visitantes, como o próprio sonho, atravessam nossa idade. Eles convocam nossa infância e nossa velhice a todo instante. E, no entanto, eles recordam-nos de nossa essencial finitude. Essas figuras falam por nós de um exílio necessário. Fixados em existências essencialmente repetitivas, esquecemo-nos de nossa condição de migrantes. Em translação de uma língua a outra, fundamentalmente estrangeiros à nossa própria família como a esta terra. Espera-se da vida uma revelação qualquer, uma mudança de estado, mas, exceto na excitação erótica, somente em raros momentos tocamos a graça de um socorro. É o anjo o nome desse socorro, com quem acreditamos ter falado, ou será o sonho que nos terá visitado? Em certos momentos, sabemos que alguma coisa em nós "vê", é intimada a ver, a ter visto. Por vezes, a visão é atroz. É chamado pesadelo esse aspecto fugaz do terror. E qual o nome da força de efração desse terror? Como se nomeá-la pudesse nos aliviar de sermos seus únicos responsáveis... E talvez efetivamente essa visão, uma vez "dita", suspenda para nós a execução do acontecimento que ela antecipa? E do medo que o acompanha... Como o de morrer, esse acontecimento que tem seu próprio tempo. Mas a visão não captura o futuro mais do que revelaria a "verdade" escondida ou traumática do passado.

O *contratempo* da inspiração pode nos afetar com uma tristeza sem limite. Porque ela faz efração e confronta-nos a um espaço de não resolução que seria preciso aceitar como tal, teríamos preferido não ser visitados. Nos contos, o encontro do personagem com o gênio (bom ou mau) é uma provação frequentemente aterrorizante. É o "quem vem lá" proveniente da infância que nos faz entrar em ressonância com outras maneiras de ser no tempo e na alteridade. A inspiração provoca, nas confrontações dos tempos, uma escansão particular, vital. Porque o *enviado*, o gênio poético ou a anunciação de um sonho, aloja-se nesta imprevisibilidade que faz obstáculo a toda forma de dogma, ele é a expressão de uma potência inigualada que nenhum poder pode contrariar. Somente é possível armar-se contra o previsível.

Lucidezes

E nosso estado de vigília não é um sonho mais claro, não somos nós sonâmbulos, nossa ação não é semelhante àquela do sonho, simplesmente mais distinta, mais determinada, mais consequente?
Büchner, em *A morte de Danton*

Não é sem perigo não escutar seus sonhos, seu *daemon* ou o anjo que parou por um segundo, atrás da paliçada, para fazer sinal. Esses *envios* são somente uma densidade mais aguda de nossas percepções? São eles também esse movimento constante de nossos pensamentos para esposar o movente, o fluido, a imaterialidade do tempo e do espaço?

A lucidez está o mais próximo possível do sonho, do espaço de ficção e do encantamento. No alvorecer do século XVII, na Europa, esse saber foi compartilhado por alguns, entre os quais Cervantes, Shakespeare, Rabelais, Calderón. O *desengaño* dos espanhóis do século de ouro, com que Quevedo, entre outros, armou a língua, não é exatamente o desencanto, nem a desilusão. Nós estávamos enamorados de uma realidade quimérica, de um belo caso, e cá estamos com os olhos nus diante do que é o mundo. Como suportar essa visão, perguntava-se Nietzsche, sem cair no ressentimento? *Desengañarse* é outra palavra para dizer o desnudar-se dos místicos, o desenrolamento incessante do real. Delineá-lo, mas como? Como não preferir a quimera, escolher a ilusão? O que nós projetamos em permanência na superfície dos seres, das coisas, dos acontecimentos é da mesma textura daquilo que chamamos "o real". Fazemos imagens daquilo que nos apanha, nos assombra, nos obceca até nos deixar loucos. Nós preferimos os ornamentos, os oblíquos, as anamorfoses. Na sinuosidade da madona, no ângulo silencioso do recitador bem na beira do quadro, ali onde está o anjo Gabriel da anunciação, o mundo desfaz-se. Ele escapa em direção a um lugar para fora, pintado, onde a paisagem é o estrito equivalente de nossas rupturas íntimas, de nossas perturbações, nossos céus incognoscíveis. O gênio poético é o grande recitador do *desengaño*, ele aborda-nos neste ponto preciso de oscilação, onde não se pode mais continuar a esvaziar a barca continuamente. Ele é essa inflexão do real, esse ponto de "desengajamento" em que a ilusão se desfaz, mas também aquela do próprio eu. A voz espanhola do *desengaño* nos murmura que é uma viagem estranha desprender-se de si e reencontrar a si mesmo, em abismo, no mesmo lugar.

A voz do gênio é sonambúlica, ela não apanha nada, não se encanta com nada, ela escorre entre duas fontes, duas vertentes da fala, como a escuta analítica, como talvez o sonho antes de ser lembrado, ou verdadeiramente ouvido. A voz sonambúlica evita os obstáculos com um passo certeiro, atravessa a noite sem tropeçar, interior a seu universo que dormita. Ela pode transpor sem vertigem um precipício, ela pode entrar nos quartos mais bem escondidos, nos territórios mais emboscados, mas, se for rachada com um golpe e o encantamento romper-se, então a voz cala-se, racha-se sobre o real assim brutalmente iluminado. A voz sonambúlica é nossa voz íntima, mas é também a voz dos mortos que vem se recolher em nós, a voz das coisas, a voz do repentino e do não aguardado, a voz de um tempo acentuado, muito longe aquém de nossas pequenas histórias — de família e de gênero. A voz sonambúlica faz-nos sair da cama, levantar-nos durante a noite e procurarmos um objeto que não conhecemos, do qual não nos lembraremos ao despertar, mas que, entretanto, nesse instante, nos é mais caro do que tudo. A voz sonambúlica guia-nos para fora do calor dos lençóis em direção à noite fria como se nós aí estivéssemos de repente mais à vontade do que em qualquer outra parte, é a voz de uma liberdade tão mais antiga do que aquilo que se acreditou ser "si", de um si mesmo muito novo, recentemente encontrado. A voz sonambúlica pertence a esse limiar onde nos surpreendem os gênios e os sonhos.

O inesperado

Quanto mais nós somos atacados pelo vazio que, tal um abismo, de toda parte ameaça nos tragar ou também por este múltiplo algo que é a sociedade dos homens e sua atividade que, sem forma, sem alma e sem amor, nos persegue e nos distrai, mais a resistência deve ser apaixonante, veemente e selvagem de toda parte. Não é?

Hölderlin

Um anjo, um gênio saído de uma charada, um sonho — é o que acontece, chega. O imprevisível mesmo. Aquilo contra o quê nossas lealdades múltiplas, desde a infância, nos defendem. Seria possível dizer que o sonho se aloja neste espaço tênue, fraturável, onde o que acontece ocorre com seu consentimento, mas sem que vocês possam, nas fronteiras de seu eu antigo, o compreender ou o apreender. Ele é o desdobrar desse espaço mesmo. A capacidade de percepção é infinitamente mais vasta que a consciência de si, como o é a inteligência do corpo, que observa e regula nossas condutas. Da percepção dos dados do real registrada pelo cérebro em direção ao eu desperto, navegam as imagens oníricas.

O que pode o sonho? Interceder. Ser o vetor de uma inteligência para a qual nós temos a tarefa de fazer hospitalidade. Essa escuta é um ato de transmutação. Nós somos, nesse sentido, os visitadores do sonho, e, portanto, ao mesmo tempo seu hóspede e seu anfitrião. O inconsciente é uma figura de estilo para esta penumbra semiobscura em que a consciência se move sem ser vista, percebida. Mas agindo, e quanto! Elipses múltiplas do eu. Figuras da recondução. Do mesmo em espiral e do que se sabe sofrer, mas como sair disso? Não há saída clara em vista. A inteligência do sonho passa além e nos propõe saídas tanto quanto são revoluções.

O que é o inesperado. A figura mais doce do não aguardado, do acaso, do encontro? Ele cria raiz na esperança e a desfaz ao mesmo tempo que a cumpre. O inesperado é uma qualidade do real. A mais violenta talvez. Será a razão pela qual nós queremos a todo custo evitar a efração? O que está acontecendo comigo?, perguntamo-nos por vezes. Assim o inesperado opera, ele não realiza uma promessa, ela o transborda de toda parte.

O inesperado é uma reviravolta do tempo humano, tal como se projeta em nós continuamente a partir das imagens fragmentadas de nós mesmos. O sonho vem daí, do espaço criado por essa fratura íntima cuja ressonância prossegue do lado de fora, durante longo tempo, como um fogo. Não há tradução possível, o passado não é aí de nenhum socorro, só há presente, inimaginável. Esquecer o que se sabe, apostar no inesperado. Fundar-se na noite do mundo e escolher uma língua. Nós não sabemos onde começa aquilo que queremos dizer, que língua desconhecida quereria entregar-se aí. E é em sonho que nós confiamos o segredo dessa ignorância na qual mantemos nosso desejo.

Quanto pesam nossos sonhos diante da tecnicização do mundo, sua hostilidade crescente em relação aos seres vivos, a suas conquistas, a seus apetites de predadores? Nós operamos na ficção coletiva de uma democracia pacificada — quimera certamente necessária —, nossos sonhos estão enfraquecidos hoje, extenuados pela falta de paciência a seu respeito. O anjo, o gênio, o sonho dizem-nos isso. Não há voz audível, mas a visão está mudada. Um abrigo aparece na hostilidade recém-retranscrita do mundo. O que está modificado é uma muito leve sensação de falta de gravidade, de imponderabilidade. Estar acompanhado não é um atentado à solidão, nem uma ilusão de ser ninado, menos ainda de ser amado; não, é uma tonalidade que se modifica, como se pouco a pouco se ouvisse no rumor uma voz familiar.

O sonho desdobra a paisagem. Ele faz surgir sob os passos cidades invertidas, oblíquos em um caminho regrado, janelas fugidias, ramagens de árvores percorridas por animais desconhecidos. Essa paisagem é nossa, porém nós a consideramos absolutamente não familiar. Há sonhos dolorosos parecidos a sofrimentos de amor quando o ser amado se afasta e assistimos, impotentes, à sua deserção. A paisagem esvazia-se progressivamente de todo peso e a luz parece vir do interior das próprias coisas, falando porém de sua ausência, da luz abafada pela água. E dar direito a essa presença paradoxal do mundo que nos concede o sonho é não se isolar unicamente no aqui e agora (que são os advérbios da fantasia), no cotidiano, mas ser transbordado, deslocado por alguma coisa que nos precede e nos desarma. Talvez seja nossa relação com esse lugar dito espiritual que desloca, do interior, toda certeza?

Nós assistimos a uma mutação de uma amplidão sem precedente e temos dificuldade de pensá-la. Os modos pelos quais, em nossa cultura, inscreveram-se os relatos como lugares de memória e de criação logo não terão mais a mesma forma ou desaparecerão. Nossa própria língua se metamorfoseia. Não se trata de nos pretendermos magos, mas de imaginarmos uma nova gramática das relações humanas — o desaparecimento da adequação, por exemplo, entre o sexo e o gênero — e também de pensarmos a modificação radical de nossos apegos ao objeto, portanto ao desejo, à memória, ao futuro, ao que se conserva e se apaga, aos lugares. O sonho tem esse privilégio extraordinário de ser, como na hipótese formulada por Freud, *zeitlos*, fora do tempo, mas de poder significar o tempo. A inteligência do sonho é, portanto, capaz de pensar essa mutação em tempo real. Que o transumanismo não seja mais uma ideia de vanguarda, mas uma palavra já usada, ultrapassada, dê a medida daquilo que nos espera. É nossa presença no mundo e talvez mesmo — quem sabe — a presença da humanidade no mundo que a viu nascer que essa perturbação interroga de maneira tão radical. Nós demos à técnica os meios de dispor de nossos desejos, de regular nossas necessidades e de antecipar nossas visões, isto é, de nos pensar. Como recuperar o controle? Nós estaremos agora em busca de legitimidade e é nossa soberania que foi preciso sacrificar sobre o altar de nosso desejo de conquista. Não há nada a lamentar, salvo talvez que este mundo corre o risco de não ter mais de humano senão o nome, tanto o valor da vida corre o risco de ser remetido ao de um sopro, de uma impressão em via de apagamento.

O que pode o sonho? A questão é mais crucial que nunca. Com a capacidade de sonhar, o humano convoca uma inteligência tão vasta da percepção, que transborda de toda parte a consciência. Aquilo que informa a inteligência do sonho, cujos anjos e gênios são figurações tardias e magistrais, é um chamado sem cessar renovado a uma conversão cujas possibilidades de criação serão sempre um desafio ao fechamento programado dos horizontes ilimitados.

Da mesma autora

La Vocation prophétique de la philosophie. Paris: Cerf, 1998. Prêmio de filosofia da Academia Francesa.

La Sauvagerie maternelle. Paris: Calmann-Lévy, 2000.

Une Question d'enfant. Montrouge: Bayard, 2002.

Blind Date, sexe et philosophie. Paris: Calmann-Lévy, 2003.

La Femme et le sacrifice. Paris: Denoël, 2006.

En Cas d'amour. Paris: Payot & Rivages, 2009, 2012.

Éloge du risque. Paris: Payot & Rivages, 2011.

Potências da suavidade. Trad. Hortencia Lencastre. São Paulo: N-1 Edições, 2022.

* * *

Anne Dufourmantelle convida Jacques Derrida a falar da hospitalidade. Trad. Antonio Romane. São Paulo: Escuta, 2003.

American Philo, Avital Ronell, entrevistas com A. D. Paris: Stock, 2009.

ESTE LIVRO FOI COMPOSTO EM ADOBE GARAMOND PRO CORPO 12
POR 15,5 E IMPRESSO SOBRE PAPEL AVENA 80 g/m² NAS OFICINAS DA
MUNDIAL GRÁFICA, SÃO PAULO – SP, EM AGOSTO DE 2025